子ども
家庭福祉論

― 子どもの平和的生存権を礎に ―

吉田明弘 編著

山本希美・佐脇幸恵・森本美絵・徳広圭子・西井典子・葛谷潔昭・南 多恵子

八千代出版

執筆分担 （掲載順）

吉田 明弘	皇學館大学教育学部准教授	第1章、第8章1・10
山本 希美	滋賀県彦根子ども家庭相談センター児童福祉司	第2章第1節・第3節
佐脇 幸恵	鈴鹿医療科学大学保健衛生学部助教	第2章第2節、第8章2・3
森本 美絵	元・京都橘大学教授	第3章、第8章5・6
徳広 圭子	岐阜聖徳学園大学短期大学部教授	第4章、第8章4・8
西井 典子	大阪樟蔭女子大学児童教育学部講師	第5章
葛谷 潔昭	豊橋創造大学短期大学部准教授	第6章
南 多惠子	京都光華女子大学健康科学部准教授	第7章、第8章7・9

は し が き

　　現在がもし暗いなら、最も暗いのは子どもの世界である。将来がもし
　明るいなら、予兆はすでに子どもの世界にあらわれている。

（むのたけじ『詞集たいまつ I 』評論社、1976 年）

　　女優・のんが声優として主演したアニメ映画に「この世界の片隅に」（片渕
須直監督／「この世界の片隅に」製作委員会、2016 年）という作品がある。こうの史
代の同名コミックの映画化だ。

　　舞台は、太平洋戦争末期の広島県。海軍の文官と結婚することになった18
歳の主人公の北條すずは、広島市内の実家から、軍港として栄える呉市へと
やってくる。映画は、戦争中の日常風景を、すずの目線で映し出す。

　　戦争の激化にともない呉への度重なる空襲。不発弾が爆発し、すずは右手
を失う。その渦中、広島に原爆が投下される。1945 年 8 月 6 日のことであっ
た。父親が被爆死、母親は行方不明。すずの実家も被害を免れなかった。

　　「戦災のなかで日常がどのように続いていくかを描きたい気持ちがありま
した」（『このマンガがすごい！』編集部編『「この世界の片隅に」公式アートブック』宝
島社、2016 年）と原作者のこうのがいうように、作品が描くのは戦時下の人々
の生活だ。しかし、戦争のおおもとにある「『陸軍の街』広島と『海軍の街』
呉、二つの軍部の加害性、遊郭で働かされる性労働者、女性に対する家父長
制の暴力性、朝鮮人の労働動員、そして帝国主義や植民地主義の問題まで片
隅に描き込んで」（週刊金曜日第 1243 号）いる。

　　この映画を観ればよくわかる通り、戦争の最たる犠牲者は子どもであり、
女性であった。

　　戦後公布された日本国憲法は、戦争の反省に立ち、基本的人権の尊重・国
民主権・平和主義を掲げ、「政府の行為によつて再び戦争の惨禍が起ること
のないやうにすることを決意」（前文）した。

　　この憲法に、男女両性の本質的平等を反映させたのは、ベアテ・シロタ・

i

ゴードン（Beate Sirota Gordon）だといわれる。彼女は「日本の国がよくなることは、女性と子供が幸せになることだ」（ベアテ・シロタ・ゴードン著／平岡磨紀子構成・文『1945年のクリスマス』朝日文庫、2016年）と考えた。憲法の草案づくりに関わったベアテの目に映っていたのは、戦渦を強いられたすずのような女性の姿だったに違いない。

　新憲法のもと、福祉国家建設に向けて児童福祉法（1947年）が成立し、子どもの健全育成ならびに生活保障と愛護の責任を国や地方公共団体に求めた。

　最高法規である憲法が規定する「平和的生存権の保障」は、児童福祉法の理念に反映されている。したがって、児童福祉法が根拠の子ども家庭福祉は、子どもの平和的生存権を礎としなければならない。

　ナショナリズムを背景とする覇権主義の台頭により、国際関係における軍事的緊張が近年高まっている。わが国においては、集団的自衛権の行使を認める安全保障関連法（2015年）が成立して以降、憲法の基本原則である平和主義の変容が著しい。

　将来において、子どもの平和的生存権が脅かされる可能性は否定できない。そんな中、これからの日本はどうあるべきだろうか？ 歴代政権で官房長官などの要職を務めた故・後藤田正晴が、NHKのテレビ番組で正鵠を得た発言をしているので、長くなるが引用しておきたい。

　　一つは、「平和の国日本」。あくまでも、平和主義を貫けということ。

　　二番目はですね、「自主の国日本」をつくれと。これは別段ナショナリズムをいっているわけじゃありません。やはり、アメリカ一辺倒の日本のものの考え方はですね、これは日本独自の立場に立って、どうあるべきかということを、もう少し幅広く考える国であってほしい。

　　それからもう一つはですね、「共生の国日本」になれ。共生の国というのはですね、どうも最近強者の論理に傾きつつあるのが世界の情勢ではないのか？ これはよくない。やはり国際的にも日本はですね、弱小の国であるとか気の毒な国に対してはですね、やはり日本なりの貢献といいますかね、救いの手を伸ばすべき国であってほしいと。国内的には

ですね、やはりいくら豊かになっても気の毒な人はいくらでもあるではないかと。そういったような立場の人にですね、私は豊かな人はですね、手を伸ばすべきであろうと。こういったようにお互いに共に生きるという国になってほしい。

(NHK スペシャル「21 世紀日本の課題『シリーズ安全保障』第 3 回」2003 年 12 月 20 日放送)

こんにちの時代状況に関連づけて、後藤田の考えを整理すると、「国連主義を軽視し、自国第一主義に傾くアメリカ一辺倒になるのではなく、日本国憲法の基本理念を遵守し、平和主義に基づく共生を原理とする国際貢献に徹するべき」となろうか。

このような態度を貫くことにより、日本のプレゼンスは高まると思う。そのとき、憲法前文が示す「われらは、平和を維持し、専制と隷従、圧迫と偏狭を地上から永遠に除去しようと努めてゐる国際社会において、名誉ある地位を占め」ることができるだろう。

ちなみに、「共生」は、子ども家庭福祉の重要な概念である。「平和と共生」をコンセプトとする子ども家庭福祉のあり方を、今後も追求したい。

最後になったが、八千代出版の森口恵美子社長には、類似書が多い中にあって出版の機会を与えていただいた。また御堂真志氏には、編集に関してたいへんお世話になった。記してお礼申し上げる。

執筆者は、臨床経験を持ち、各種社会福祉の人材養成に携わる専門家が多数を占める。その意味で、本書は保育士のみならず、社会福祉士をめざす学生の活用を期待するものである。

なお、各執筆者の問題意識を際立たせたいという考えから、子ども家庭福祉をめぐる種々の課題について、あえて共著者間の意見統一を図らなかったことを断っておく。編者の意図は果たされたと思う。

2020 年 3 月

編者　吉田明弘

目　　　次

第1章

子ども家庭福祉の理念と政策

第1節　子ども問題の発生と子ども保護政策

1　資本制社会の成立と子どもの労働―女工哀史―

さよなら　さよなら　さよなら　さよなら

さようなら　さようなら　さようなら　さようなら

そこは越中であつた

そこの小さな停車場の吹きつさらしのたたきの上で

娘と親ときようだいとが互いに撫で合つた

降りたものと乗りつづけるものとの別れの言葉が

べつべつの工場に買いなおされるだろう彼女たちの

二度と会わないであろう紡績女工たちの

その千の声の合唱が

降りしきる雪ぞらのなかに舞い上がつた

※詩の一部を引用　中野重治「汽車　三」

　産業革命を契機に成立した資本制社会は、生産手段を所有する資本家（ブルジョアジー）と自己の労働力を唯一の資本とする労働者（プロレタリアート）という2つの階級を生み出した。資本家は、自己の利益の追求を目的に、労働者に過酷な労働を要求する。

　産業革命による技術革新は、熟練労働を不要とし、労働における単純作業を可能にした。その結果、資本家は安価な労働力として使用価値の高い子どもに注目するようになる。彼らは、十分な保護が施されていない労働環境の

1

もとで、資本家にその労働力を搾取され、心身ともに疲弊していった。それは、結果として「未来の労働力の枯渇」を意味したことを記しておきたい。

　資本制社会が発達するにつれて、大土地所有者や商人は貨幣資本の蓄積を果たしたが、一方で農民や手工業者は生産手段から切り離され、無産者階級を形成していくことになる。

　産業革命による工業化は、無産者階級を生み出したばかりでなく、第一次産業の縮小を招いた。その結果、地方の農村では生活に窮し、子どもの"口減らし"が恒常的に行われた。貧農の娘たちは、年越しの費用にも足らないわずかな手金（契約金）で、主に紡績工場に売られていったという。年端のいかない彼女たちを待っていたのは、1日15〜16時間にも及ぶ長時間労働であった。休息も満足に取れないばかりか、まともな食事や住居も与えられず、女工の多くは結核を患う。罹患した少女たちは、資本家によって"使い捨て"られていった。

　このような、わが国における「女工哀史」の現実は、山本茂美が著した『あゝ野麦峠―ある製糸工女哀史―』に、赤裸々に描かれている。その一部から、当時の悲惨な児童労働の現実を見てみよう。ちなみに、「女工哀史」は、1925（大正14）年に細井和喜蔵が発表したルポルタージュの書名である。岐阜県高山市と長野県松本市の県境にそびえる野麦峠（標高1672ｍ）を越えて、はじめて糸ひきに出る新工と呼ばれる11〜12歳の女児が長野県諏訪湖畔の紡績工場へと向かった。

　　外は未明の寒さが肌をさすというのに、繰釜の中は百八十度の熱湯がたぎり、室内温度は華氏八十度（セ氏約二十七度）を越して、ムッとする蛹の悪臭が鼻をつく。水蒸気が天井の外気に冷え、大粒の水滴となって雨のようにおちてくる作業場では、工女たちの着ている着物はみんな濡れていた。まだ、エプロンというものもない時代、二、三本の手拭いを用意して頭にかぶり、肩にかけてその雫をしぼった。床はぬれてびしょびしょし、その間を蛹集めの小僧が裸足で忙しく走り回っていた。
　　ちょっとしたトラブルが起きたのはそんな時である。

「何？　スズが具合が悪いって!?　ふざけるんじゃないよ!!」

　蛹集めの小僧から報告を受けた検番は、そう言いながら、スズと呼ぶ女工の台に近づいていった。

「よし、病気ならオレがすぐ癒してやる、立て！」

　検番は語気荒々しく木原スズの胸元をつかむと、激しい平手打ちが続けさまに頬にとんだ。

　ヒーッという悲鳴とととともに髪がくずれ、髪の毛にさしていた櫛が折れて三、四メートルもとび、スズは濡れた床板の上に倒れた。そばで働いていたスエとマキがみかねて検番を止めようとしたが、この二人もまた平手打ちを食って引き下がった。

「よく覚えておけ！　おまえらの病気にはこれが一番よく効くんだ」

　検番は居丈高に叫んで、

「もうこれで三回赤旗なんだゾ、きさまたち恥ずかしいと思わんのか？　今度赤旗だったら、飯を食わさんからそう思え！」

　赤旗というのは、社長命令で日夜続けられている各作業場間の作業競争での、順位最下位を表わす旗のことである。この工場では第一から第十作業場まであって、一作業所は約百人で検番が一人いる。成績一位の作業所には、「優等」の白旗が立ち、その責任検番には一日一円の賞金が出るが、その賞金は最下位の赤旗組の工女や検番から取った罰の金によってまかなう。特に検番は責任者として一日一円の罰金というまことに巧妙な仕組みで、会社側としてはいくら続けても痛くもないようになっていた。したがって赤旗が三週続いて、実害を蒙っている長瀬検番としては頭にくるのも無理はなかった。

　しかし工女は聞いているのかいないのか、だれも黙りこくっていそがしそうに手を動かしているだけで、もう検番を止める者もいなかった。床板に倒れたスズも泣きながら起きあがり、櫛を拾って髪を直すとまた自分のところへ戻り小枠を回し始めた。まるで何事もなかったように……

現場監督者である検番も、女工同様に経営者に使われる身であり、資本家によってその労働力を搾り取られていた。このような女工に対する二重の搾取構造は資本家にとって好都合であった。製糸工場の動力であった水車に、精根尽き果てた女工たちが飛び込み自殺を図ることも少なくなかったという。

　劣悪な労働環境の中で病に倒れ、資本家にとって使用価値のなくなった幼い労働者は、工場から追い払われた。解雇の連絡を受けた家族は、変わり果てた娘たちを引き取るために工場へと呼ばれたが、すでに病状が重篤化していた女工たちの多くは、実家への帰路で命尽き果てた。

　再び、『あゝ野麦峠』から読んでみよう。

　明治四十二年十一月二十日午後二時、野麦峠の頂上で一人の飛騨の工女が息を引きとった。名は政井みね、二十歳、信州平野村山一林組の工女である。またその病女を背板にのせて峠の上までかつぎ上げて来た男は、岐阜県吉城郡河合村角川の政井辰次郎（三一）、死んだ工女の兄であった。

　（みねを迎えにきた）辰次郎は病室へ入ったとたん、はっとして立ちすくんだ。美人と騒がれ、百円工女ともてはやされた妹みねの面影はすでにどこにもなかった。やつれはててみるかげもなく、どうしてこんな体で十日まで働けたのか信じられないほどだった。

　病名は腹膜炎、重症であった。工場では辰次郎を事務所に呼んで十円札一枚を握らせると、早くここを連れ出してくれとせきたてた。工場内から死人を出したくないからである。

※工場で結核を発症し、迎えにきた家族に背負われ、実家へと帰る女工の姿

写真　野麦峠にある女工像（筆者撮影）

　資本制社会が発達する過程において、このような史実があったことを忘れてはならない。まとめていうならば、資

本制社会の原始的蓄積は、労働者の生活破壊をともなって進行していったのである。その最たる犠牲は、子どもであり女性であった。『あゝ野麦峠』は歴史の証言であると同時に、センチメンタルな表現が許されるならば、無念に死んでいった女工たちへの鎮魂の書なのだ。

「生者が死者の念を生きるとき、死者は生者の人格となる」(岡部、2007) とは、随筆家・岡部伊都子の言葉であるが、幼い女工たちの悲哀に、現代を生きる私たちが寄り添うとき、彼女たちの怨念 (ルサンチマン) は、現代によみがえることであろう。

筆者の取材によると、有能な女工には外出の機会など多少の慰安が許されていたようだ。得た賃金で娯楽を楽しみ、写真館でポートレートを撮影し、故郷の家族や恋人にそれを送る女工が少なからず存在した。だからといって、女工哀史の悲惨な現実を過小に考えてよいものだろうか。

あえて持ち出すならば、従軍慰安婦は奴隷か否かという問題と似通っている。「従軍慰安婦は報酬をもらい、しかも自由があったので奴隷ではない」という杉田水脈衆議院議員の見解に対して、法学者の阿部浩己が「自分自身の自由な意志でそれができていたかというと、そのような自由な意志は著しく剥奪されていて、制度の下での支配、全的な支配のもとで許可を得てそれができていた、ということが真実のようですので、そうなると、奴隷制ということになってくる」と反論する (映画「主戦場」劇場用パンフレット、2019)。全的支配下における従軍慰安婦が奴隷であったように、女工もまた富国強兵策を進める政府や工場経営者の奴隷だったと考えるべきではないか。

以上の歴史的事実から、子どもをめぐる福祉の問題は、資本制社会の誕生とともに生じたことがわかる。

2　子ども保護政策のはじまりと工場法の制定

資本制社会の進展にともない、その構造的矛盾が顕著になっていく。先にも述べた通り、1 日 15〜16 時間にも及ぶ長時間で危険かつ有害な労働、休息もままならない状況の中で、満足な栄養を摂ることもできず、疾病や死の不安を抱えながら労働者は資本家に使用されていた。また、動力の発明による

生産様式の変化は、単純反復作業を労働者に課し、その結果、精神疾患を患う者も少なくなかったという。このような非人間的な労働は、子どもを含む当時の労働者に共通する現実であった。

　資本家は、資本制社会が保障する自由な経済活動のもとで、さらなる利益を求め、労働者を酷使した。ところが過酷な労働の結果、彼らの健全な生活が脅かされ、疾病や死亡に至る労働者が続発する。このような事態は、実のところ拡大再生産をめざす資本家にとって不都合なものであり、資本制社会の永続的な発展のためには放置できない現実となっていた。とりわけ、未来の労働力たる子どもの萎靡沈滞(いび)は、将来の働き手を失うことにつながり、有産階級として看過するわけにはいかなった。

　長期にわたり、安定した利潤追求を行うためには、労働者の生活を保護する必要性が資本家の間で考えられるようになり、年少児童労働の規制を目的とした「工場法」という法律が、1802 年にイギリスで制定される。当時の労働者の平均寿命は 15 歳といわれており、将来の働き手の枯渇を案じたイギリス児童労働調査委員会が、それを社会問題として報告したことが、法律制定の契機となった。わが国におけるその成立は、1911 (明治 44) 年であったが、紡績産業を中心とした資本家の反対にあい、1916 (大正 5) 年にようやく実施に漕ぎ着けた。

　工場法は、今日でいう労働基準法に相当する立法といってよいだろう。イギリスで世界に先駆けて成立した工場法は、別に「徒弟の健康および道徳を保護するための法律」と呼ばれるが、これは主に年少労働者の就業を規制する内容であった。具体的には、児童の最低就業年齢を 9 歳とし、9〜18 歳の少年の労働時間を 12 時間に制限した。同時に、有能な労働力の再生産には教育が重要であるという認識に基づき、その機会を児童に与えることが謳われている。この法律の中身は、今日の子ども家庭福祉の到達点からすればあまりにも不十分なものに映るが、工場法制定までの道程は資本家の抵抗感が強く、いばらの道であった。

　法の整備により、資本制初期の児童労働は多少なりともマシな状態になったものの、工場法は恤救(じゅっきゅう)的な性格を持っており、未来の労働力の健全保全

という資本の側からの要請によるものであったことを確認しておきたい。

ところで、イギリスの工場法制定に影響を与えた人物に、資本家で後に社会主義者に転じたロバート・オウエン（R. Owen）がいる。社会環境によって人間はつくられるから、教育の役割が重要であると彼は考え、幼児期の教育に重点を置いた「性格形成学院」を、自らが経営する紡績工場に 1816 年に創設する。「雇主、工場主として、私は雇った人々の害悪を軽減するために全力はつくしていた。しかも富をつくり性格を形成し人間の行動一切を管理するには最も不合理にできている吾々の制度の下でいかに最善をつくしても、私は唯わずかに一定範囲内で彼らのみじめさを軽くしえたばかりであった」（オウエン、1947）とオウエンが述べているように、児童労働規制の法制化を彼は認識していた。そして政府の委員会において、「（1 日 15〜16 時間にも及ぶ労働に従事している児童の）心身が著しくいたましく害われているのを、長い間の経験から知っていた」（オウエン、1947）と訴え、工場法の制定の意義を唱える。

オウエンは、労働者を生産手段の一部としてとらえていた。彼によれば、労働者は「生ける機械」であり、そのメンテナンスが資本家の「金銭的利益」に帰結すると考えた。オウエンの経営は、「『生命なき機械』よりも『生ける機械』たる労働者へのより深い配慮を促し、それが教育により『合理的人間』となり、労働力の質の向上をもたらして、経営としても収益を生むと注意する企業者的アプローチ」（五島・坂本、1980）を特徴とする。「労働者へのより深い配慮」は、「（一）労働時間の短縮。（二）慈善院や労役場からの幼児の年期的雇用の廃止。最低労働年齢の十歳への引き上げ。（三）労働者に対する住宅や食料や衣料の安値な供給。（四）村全体を衛生的かつ快適ならしめるための整備改善。（五）村民の悪習の矯正。（六）村民及びその子弟の教育」（オウエン、1954）にまで及び、工場内の労働環境にとどまることなく、労働者の置かれている生活状況全体を改善するいわば社会改良の側面を持っていた。

彼の思想は、マルクス（K. Marx）やエンゲルス（F. Engels）の科学的社会主義に対して、階級闘争を前提としない「空想的社会主義」と呼ばれる。これは資本制社会の構造的矛盾（カラクリ）を明らかにするものではなかったが、

資本家に"血の一滴まで"搾取される労働者の生活を救済しようとした点で、オウエンの歴史的功績は大きいといえるだろう。日高六郎（1980）の言葉を借りるならば、「空想と軽く見られた思想の中に、理念の素朴な強さや、想像力のゆたかさや、実験的精神や、本源的な正義感や、魂のやさしさや、その他もろもろの普遍的な諸価値と、それをめぐる感情があった」のである。「情愛は人間を人間化し、すべての不幸を少なくする」というオウエンの言葉が、それを物語っている。

　ところで、わが国における産業革命は明治維新を起点とするが、「産業化の後進性がからみ、労働一般の条件が低劣であることから児童の労働条件の改善という問題は顕在化しにくい側面があった」（大野、1997）ために、児童労働問題は潜在化し、資本制社会の矛盾が拡大する中で放置されていたことをつけ加えておきたい。

第2節　児童福祉法の制定とその理念

　1945（昭和20）年、わが国は終戦を迎え、巷にあふれる戦争孤児を救済する必要性から児童福祉法が1947（昭和22）年に制定された。当時の子どもたちが置かれていた社会状況は、野坂昭如の『火垂るの墓』に赤裸々に描かれている。この小説は、後にアニメーション映画化され、毎年終戦記念日前後にテレビで繰り返し放送されるほどである。これが、いまもなお多くの読者を得ているのは、ドラマチックなストーリーに大方が心を奪われているからではないだろう。戦争を知る人々にとっては、親を失い、飢えて死んでいく主人公の旧制中学3年生の清太と4歳の節子の悲惨な人生が、自らの戦争体験に重なるからに違いない。戦争によって「異形の死」（澤地、2008）を強いられた人々の記録の書として、作品の持つ歴史的意義は大きい。その一部を読んでみたい。

　　その前日、「戦災孤児等保護対策要綱」の決定された、昭和二十年九月二十一日の深夜で、おっかなびっくり虱だらけの清太の着衣調べた駅

員は、腹巻の中にちいさなドロップの缶をみつけ出し、ふたをあけよう
としたが、錆びついているのか動かず「なんやこれ」「ほっとけほっと
け捨てとったらええねん」「こっちの奴も、もうじきいてまいよるで、
眼えポカッとあけてるようなったらあかんわ」むしろもかけられず、区
役所から引きとりにくるまでそのままの清太の死体の横の、清太よりさ
らに幼い浮浪児のうつむいた顔をのぞきこんで一人がいい、ドロップの
缶もてあましましたようにふると、カラカラと鳴り、駅員はモーションつけ
て駅前の焼跡、すでに夏草しげく生えたあたりの暗がりへほうり投げ、
落ちた拍子にそのふたがとれて、白い粉がこぼれ、ちいさい骨のかけら
が三つころげ、草に宿っていた蛍おどろいて二、三十あわただしく点滅
しながらとびかい、やがて静まる。

　白い骨は清太の妹、節子、八月二十二日西宮満地谷横穴防空壕の中で
死に、死病の名は急性腸炎とされたが、実は四歳にして足腰立たぬまま、
眠るようにみまかったので、兄と同じ栄養失調症による衰弱死。

「戦災孤児等保護対策要綱」は、その名の通り戦争により孤児となった児
童を保護することを目的として策定されたものであるが、要保護児童の解消
のための十分な方策を欠いていたために、現実有効性に乏しかった。した
がって、実際の孤児救済は民間の篤志家に大きく依存せざるを得ない状況に
あったという。
　そのような中で、政府としても児童保護政策の立法化を余儀なくされ、先
に述べた通り 1947 年 12 月 12 日に児童福祉法が公布される。児童福祉法の草
案は、1946（昭和21）年に、当時の中央社会福祉事業委員会に諮問されている
が、それは要保護児童に限定する内容であったために、新しい児童福祉立法
は、すべての子どもを対象とするのが望ましいという意見具申が行われる。
ここからわかるように、児童福祉法は、混乱する戦後社会の課題解消だけを
目的として制定されたわけではなかった。そのことは、法律の総則を見れば
明らかである。

第1条　すべて国民は、児童が心身ともに健やかに生まれ、且つ、育成されるよう努めなければならない。

②　すべて児童は、ひとしくその生活を保障され、愛護されなければならない。

第2条　国及び地方公共団体は、児童の保護者とともに児童を心身ともに健やかに育成する責任を負う。

この法律においては、児童は「心身ともに健やかに生まれ」、「ひとしくその生活を保障され」なければならないことを児童福祉の理念として確認し、その責任の所在を保護者のみならず、「国及び地方公共団体」に求めたのである。これは、戦後処理としての児童保護政策の枠を大きくこえ、すべての子どもたちの「平和的生存権」を、「公的責任」に基づき保障するものであった。同時にそのためのシステムが整備されたことは、戦後の児童福祉の起点として大きな意味を持つものと思われる。

児童福祉法は、これまで大小の改正が行われているが、2016（平成28）年に理念規定が見直された。国連が1989年に採択し、わが国も批准する「子どもの権利に関する条約」の理念を加えるとともに、社会的養護対象児の養育における「家庭的環境」の重視を盛り込んだ。改正後の第1～3条は、次の通りである。

第1条　全て児童は、児童の権利に関する条約の精神にのっとり、適切に養育されること、その生活を保障されること、愛され、保護されること、その心身の健やかな成長及び発達並びにその自立が図られることその他の福祉を等しく保障される権利を有する。

第2条　全て国民は、児童が良好な環境において生まれ、かつ、社会のあらゆる分野において、児童の年齢及び発達の程度に応じて、その意見が尊重され、その最善の利益が優先して考慮され、心身ともに健やかに育成されるよう努めなければならない。

②　児童の保護者は、児童を心身ともに健やかに育成することについて

第一義的責任を負う。

③　国及び地方公共団体は、児童の保護者とともに、児童を心身ともに健やかに育成する責任を負う。

（第3条省略）

第3条の2　国及び地方公共団体は、児童が家庭において心身ともに健やかに養育されるよう、児童の保護者を支援しなければならない。ただし、児童及びその保護者の心身の状況、これらの者の置かれている環境その他の状況を勘案し、児童を家庭において養育することが困難であり又は適当でない場合にあつては児童が家庭における養育環境と同様の養育環境において継続的に養育されるよう、児童を家庭及び当該養育環境において養育することが適当でない場合にあつては児童ができる限り良好な家庭的環境において養育されるよう、必要な措置を講じなければならない。

　改正後の条文において、筆者が注目したいのは、第2条の第2項ならびに第3項である。改正前の規定では、「国及び地方公共団体は、児童の保護者とともに児童を心身ともに健やかに育成する責任を負う」と記述されていたのに対し、現行法では「児童を心身ともに健やかに育成することについて第一義的責任」が保護者にあると明記した上で、国や地方公共団体の責任を位置づけている。

　保護者に養育責任があることは否定できない。しかし、明治維新以降顕著になった核家族は、自助努力だけではその維持が難しい脆弱な家族形態である。したがって、子どもの養育は社会的文脈を強める中で論じられるべきだ。つまり、公的責任のもとで児童の健全育成は果たされる必要がある。保護者の第一義的責任を強調する一方で、国や地方公共団体のそれが後退することがあってはならないだろう。

　反復になるが、児童福祉法制化のそもそもの動機は、第二次世界大戦の結果生じた戦争孤児対策にあった。戦争体験世代に重なる75歳以上の高齢者人口は、総務省人口推計（2018〔平成30〕年10月）をもとに算出すると、現在

全人口の約 14 ％となっている。『火垂るの墓』の主人公である清太や節子の
ような経験保有者は、いまや少数派だ。それは、受難者が有していた「没落
と明るさ、欠乏とファンタジー、悲惨とユーモア、混沌とユートピア等々の
両義性」(藤田、2003) の喪失を意味する。不条理な戦争体験は、その反作用と
して対極にある平和な社会を志向した。野坂昭如の実体験に基づいた『火垂
るの墓』は、辛酸をなめた受難者たる戦争経験者の両義性を物語る作品とし
て、今後も読み継がれることであろう。

第 3 節　子ども家庭福祉政策の動向と展開

1　少子化対策の動向

　ひとりの女性が生涯に出産する子ども数の平均を意味する合計特殊出生率
の低下が始まったのは 1970 年代後半のことで、1990 (平成2) 年にはそれが戦
後最低の 1.57 となり、「1.57 ショック」と呼ばれた。少子化対策が急がれる
ようになったのはこの頃からである。具体的には、厚生・文部・労働・建設
(当時) の四大臣の合意による「エンゼルプラン—今後の子育て支援のための
施策の基本的方向について—」が 1994 (平成6) 年に策定され、むこう 10 年
間の子育て支援策が示された。緊急保育対策等 5 か年事業は、その一環であ
る。

　ところが、その後も出生率の低下に歯止めはかからず、政府はエンゼルプ
ランの補正を意図した「新エンゼルプラン—重点的に推進すべき少子化対策
の具体的実施計画について—」を 1999 (平成11) 年に策定し、保育以外に雇
用・母子保健・教育に対策の範囲を拡大した。

　こうした施策にもかかわらず出生率の改善が見られないために、厚生労働
省は少子化対策の範囲を専業主婦や男性、次世代にまでひろげる「少子化対
策プラスワン」を 2002 (平成14) 年に発表する。翌年、「次世代育成支援対策
推進法」が成立し、地方公共団体と事業主に次世代育成支援の行動計画の策
定が義務づけられた。

　2003 (平成15) 年には、「少子化社会対策基本法」が議員立法により成立し、

全閣僚を構成員とする少子化社会対策会議が設置される。これをもとに政府は「少子化社会対策大綱」を閣議決定し、総合的かつ長期的な少子化対策の推進を目標に「子ども・子育て応援プラン」を策定した。

　創設された内閣府特命担当大臣（少子化対策担当）のもと、社会全体の意識改革と「子どもと家族を大切にする施策」の充実を趣旨とした「新しい少子化対策について」が2006（平成18年）に、翌年には「『子どもと家族を応援する日本』重点戦略」が少子化社会対策会議において決定される。ワーク・ライフ・バランス（仕事と生活の調和）がその趣旨であった。

　2009（平成21）年、政権交代した民主党政権は、少子化対策の新しい大綱として「子ども・子育てビジョン」を閣議決定する。「子ども手当」の創設、高等学校の無償化制度、父子家庭への児童扶養手当の給付などの政策が採られた。ちなみに「子ども手当」は、中学校卒業までの子どもに一律額の手当を支給するものである。親の所得の多寡と子育てに必要な経費とを切り離して考える点に制度設計の特徴がみられる。

　2012（平成24）年に成立した「子ども・子育て支援法」は、「子ども・子育て支援給付その他の子ども及び子どもを養育している者に必要な支援を行い、もって一人一人の子どもが健やかに成長することができる社会の実現に寄与することを目的」としたもので、同時期に可決された「認定こども園法の一部改正」「子ども・子育て支援法及び認定こども園法の一部改正法の施行に伴う関係法律の整備等に関する法律」と併せて「子ども・子育て支援新制度」と呼ばれる。認定こども園・幼稚園・保育所を横断する制度の確立、地域の実情に応じた子ども・子育て支援、消費増税による財源確保、子ども・子育て会議の設置などがその中身である。これは、2015（平成27）年4月に施行された。

　安倍政権は、2016（平成28）年に「ニッポン一億総活躍プラン」を閣議決定し、「我が国の成長の隘路（あいろ）の根本」にあるのが少子高齢化問題だという前提に立ち、「これまでの三本の矢の経済政策を一層強化する」ことを確認している。三本の矢とは、安倍政権の経済政策をさす。強化されたそれが掲げるのは、「希望を生み出す強い経済」「夢をつむぐ子育て支援」「安心につなが

る社会保障」である。しかし、少子高齢化を、「経済成長」の文脈で考えている限り、出生率の上昇は見込めないだろう。なぜなら、「将来の労働力人口の増加や社会保障制度の支え手を増やすという本音が透けて見えるような対策では、国民の多くを納得させることができない」（袖井、2005）からである。その意味で、エコノミストの浜矩子の「すべては成長戦略のためである。ヒトを対象としていながら、ヒトのためなど考えていない。力強い経済成長のために、最大限多くの人々を最大限効率的に使う。それが、この三本の矢が目指すところだ」（浜、2018）という指摘は正鵠を得ている。ところで、「一億総活躍」のフレーズに違和感を覚えるのは、筆者だけであろうか。戦前の「一億火の玉」を連想せずにはいられない。

　歴史社会学が専門の赤川学は、「子どもが増えず、経済が高度に成長しなくても、選択の自由と公平な負担を両立させながら、やっていける仕組みを考えること。それは縮小均衡を目指す『滅びの美学』を確立することにほかならない。そのためには、少子化対策という言葉はもういらない」（2008年5月10日付朝日新聞大阪本社版朝刊）と断言している。かつて起こった高齢化社会＝危機論は、高齢（老年）人口が増加していく中で、労働（生産年齢）人口の負担が増えることを「危機」と喧伝し、国民の「自助努力」を求めるものであった。少子化社会を危機とする発想も同じ通奏低音ではないか。

　出生率の低下および人口の高齢化は先進国に共通する現象である。これが、こんにち危機的に論じられなければならない理由は、少子・高齢化対策を「人口問題」や「経済成長」にすりかえてきた結果といえよう（図1-1参照）。

2　児童福祉法の改正とサービス利用方式の変更

　1947年に制定された児童福祉法は、要保護児童に対象を限定せず、すべての子どもの平和的生存権保障を理念とした。その意義については、既述の通りである。

　児童福祉法成立時の厚生大臣・一松定吉（ひとつまつさだよし）は「国会で児童福祉法が可決成立を見たことは、平和的な文化国家建設のため、慶賀堪えないところであります。（中略）児童の福祉を保障するための原理を明らかにし、児童福祉委員会、

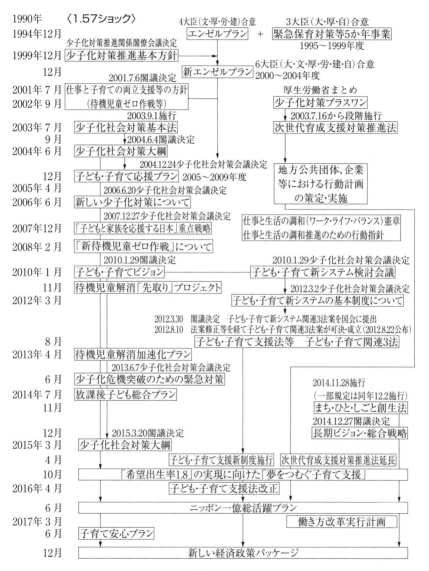

図 1-1　子育て支援対策の経緯

資料：厚生労働省「平成 30 年版厚生労働白書」。
出典：『国民の福祉と介護の動向 2019／2020』Vol. 66、No. 10、厚生労働統計協会、2019 年。
　　　86 ページより一部修正。

児童委員制度、母子手帳制度、里親制度等の新しい制度を定めた外、児童福祉施設の最低基準を設けて施設の向上を図り、児童相談所の拡充により児童の保護指導に科学性を与える等、児童の福祉増進のため必要な措置を講じ、明るい日本の再建の基盤に培おうとするものであります」(蟻塚、2019) と述べている。

子どもの平和的生存権を保障するために、そのシステムの整備にとどまらず、児童福祉の増進が「平和的な文化国家建設」につながり、さらには「明るい日本の再建」に寄与するという厚生大臣の認識は、子どもを未来社会の担い手として位置づけるものであろう。

児童福祉法は、児童を取り巻く社会状況やニーズ、わが国全体の社会福祉政策の変更にともない、これまで幾度となく改正が行われてきた。その中でも、法施行 50 年目の 1997 (平成 9) 年の改正は、児童福祉のあり方に影響を与える大きな転換点となった。

厚生省 (当時) 児童家庭局長通知 (1997 年 6 月 11 日) は、法改正の趣旨を「少子化の進行、夫婦共働き家庭の一般化、家庭や地域子育て機能の低下等児童及び家庭を取り巻く環境」の変化を背景に、「児童福祉法を中心とする児童家庭福祉制度を改革し、将来の我が国を担う子供たちが健やかに育成されるよう、児童保育施策の見直し、児童の自立支援施策の充実等を行い、新しい時代にふさわしい質の高い子育て支援の制度として再構築を図る」と説明している。

改正点は、①保育所利用における「措置制度」の見直し、②放課後児童健全育成事業ならびに義務教育修了後の児童を対象とした自立援助ホームの法制化、③児童福祉サービスに「自立支援」の概念を位置づけるとともに児童福祉施設名称変更の実施、④地域の児童問題への対応として児童福祉施設に児童家庭支援センターを設けたことなどである。これらのうち、特に重要と思われる 2 点に関してふれておきたい。

1) 保育所利用方式の見直し

保育所をはじめとするわが国の社会福祉サービスは、行政の職権によりサービス提供の適否や種類などを決定する「措置制度」を根幹とした利用方

式が採られてきた。その理由は、「国は措置基準を設定することを通じて、国民にたいして、一定の福祉ニーズについては国がその責任において福祉サービスを提供するということを約束」（古川、1995）している点にあったが、1990年代後半以降、これを見直す動きが登場するようになる。

　措置制度改廃の議論は、厚生大臣（当時）の諮問機関「保育問題検討会」において行われた。この中で、措置制度の果たしてきた役割が総括される一方で、行政処分のためサービス利用者の選択権に欠けるなどの指摘があった。検討会としての意見集約が難しかったために、報告書には「措置制度擁護」と「契約制度推進」の両論が併記されている。

　上述の経緯がありながら、1997年の児童福祉法の一部改正により、措置制度は廃止となり、「行政との契約方式（保育所利用方式）」が導入されることになった。サービス利用者（保護者）が、利用を希望する保育所を選択し、都道府県・市町村に利用の申し込みを行い、都道府県・市町村は利用に関する要件を満たしていれば入所を応諾するというしくみである。サービス利用のための手順は、一見すると措置制度による場合と変わらないが、その違いは「申請権」の有無にあるといわれている。しかし「学説上は、1997年改正後（児童福祉法）も保育所入所を行政処分と解する見方が有力」（前田、2001）である。現実として、保育所利用方式に措置的性格が残っていたとしても、これを契機に「契約」という市場原理に基づいたサービス供給への扉が開かれた。

　現在、保育所を利用する場合は、市町村による「教育・保育の必要性の認定」を受ける必要がある。「保育の必要性の事由」と「保育の必要量」により認定区分が決まり、区分に応じた給付（保育所・幼稚園・こども園・小規模保育など）が行われることになっている。市町村を実施主体とする保育所・幼稚園・こども園を一本化したサービス供給体制である。利用者は、各教育・保育施設と直接契約を結び、サービスの提供を受ける（図1-2参照）。

2) 児童福祉サービスの機能として自立支援を追加

　児童福祉施設の機能として「自立支援」が位置づけられたのは、1997年の児童福祉法改正においてであった。具体的には、「養護施設が児童の自立を支援することを明確化し、その名称を児童養護施設に改称すること」「母子

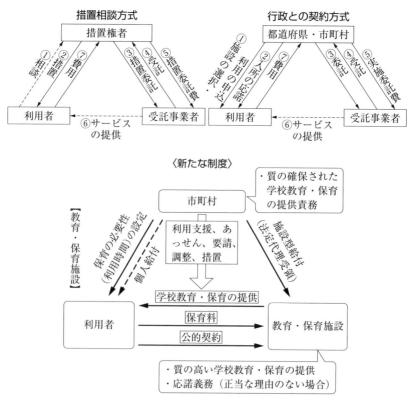

図1-2　社会福祉サービス利用方式

出典：山縣文治編『社会福祉法の成立と21世紀の社会福祉』ミネルヴァ書房、2001年、19–20ページ、および内閣府「子ども・子育て支援新制度について」2019年6月、8ページをもとに作成。

寮の目的に、入所者の自立促進のためにその生活を支援することを加え、児童が満20歳になるまで引き続き母子を在所させることができるものとするとともに、その名称を母子生活支援に改称すること」（以上、厚生省児童家庭局長通知、1997年6月11日）など、自立支援を目的とした児童福祉施設の名称変更が行われている。

　一般にいう自立とは、「他の力をかりることなく、また他に従属することなしに存続すること」（日本国語大辞典〔第二版〕）を意味する。ただし、「福祉

分野では、人権意識の高まりやノーマライゼーションの思想の普及を背景として、『自己決定に基づいて主体的な生活を営むこと』、『障害を持っていてもその能力を活用して社会活動に参加すること』の意味」（平成16年度第9回社会保障審議会福祉部会、2004年4月20日）であり、「必要な場合に他者社会に援助を求めることは自立の不可欠な要素であるから、依存を排除しているものではない」（児童家庭局家庭福祉課監修『児童自立支援ハンドブック』1998年）という。これらをふまえると、「自立支援とは、人びとが非『自立』状態にある場合、さまざまな施策を通じて『自立』した状態に至るよう公的なサポートをおこなうこと」（菊池、2019）だとする菊池馨実の定義が妥当である。

　社会福祉における「自立」が、その対語である「依存」を排していないとしても、「自立」を前提とする社会は息苦しい。自立がもてはやされる社会の背景には、他者に対する不寛容がみられる。「人間がお互いに迷惑をかけ合う生きものだということをどこまで理解し、許し合えるかである。その幅は近年、ますます狭くなっている」（筑紫、2008）とはいえないか。筆者は、必ずしも「自立」の必要性を否定するものではないが、そもそも社会福祉の原理は「依存」にあるはずだ。「自立」を到達点におく是非については、十分議論されるべきであろう。

第4節　社会福祉基礎構造改革と児童福祉

　社会保障構造改革の福祉版といわれる「社会福祉基礎構造改革」を検討したのは中央社会福祉審議会社会福祉構造改革分科会である。1998（平成10）年には中間報告が出され、その後「社会福祉構造改革を進めるにあたって」という最終報告がまとめられている。これは、1980年代に行われた社会福祉予算についての国庫負担の削減や機関委任事務の団体委任事務化、さらには1990（平成2）年の福祉八法改正に連なるもので、21世紀のわが国の社会福祉の方向性を規定する改革であった。その内実は、市場原理に基づいた社会福祉供給システムの構築といってもよいだろう。

　1998年6月に報告された社会福祉基礎構造改革の中間報告の主な要点は、

①社会福祉のニーズが拡大していく中で、従来の公的な福祉サービスで対応するには限界がある。民間企業などを含んだ多様なサービス供給セクターを活用することにより、サービスの質と効率性が向上する、②戦後50年間、わが国の社会福祉制度を支えてきた措置制度は、サービス利用者の「権利性」が確保されないために問題が少なくない。それに代わるものとして「契約制度」を導入することにより、サービス提供者と利用者の間に対等な関係が確立されるという2点になろう。

　多様なサービス供給セクターの活用は、戦後の社会福祉制度を「規制緩和」することにより進められた。保育の分野においては、2000（平成12）年3月30日付の厚生省（当時）児童家庭局長通知「保育所の設置認可等について」により、地方公共団体及び社会福祉法人を設置主体としてきた保育所の運営は、広く営利法人に開放されるようになる。

　措置制度改編の議論は、先に述べた通り、保育所利用方式の見直しを契機に政策論争の舞台に上がり、時期をほぼ同じくして介護保険導入の際に本格的な議論が行われた。結果的に、わが国は措置制度から撤退していく道を選択したが、里見賢治がいうように「（もし措置制度が権利性に欠けるとするならば）権利性を明確に規定していない現行法の欠点の故であって、公費を財源とする措置制度であるから必然的に権利性を喪失するというものではない」（里見、1996）のであって、社会福祉基礎構造改革で主張された「措置制度批判」は必ずしも的を射たものとはいえないだろう。

　社会福祉構造改革を「パターナリズム（温情主義的な保護）から、パートナーシップへの転換」と評価する柏女霊峰が、皮肉にも「負の側面として、自己決定・自己責任の強化にともなう、自己決定能力が低下した者の各種生活問題の顕在化の可能性を挙げることができる」（柏女、2019）とその課題を述べている。「自己決定能力が低下した者」が脱落するような制度設計には課題が少なくないと思われる。

　制度上、サービス利用者の申請権を認めていない点で、措置制度は社会福祉基礎構造改革が指摘する通り課題がゼロではなかったものの、この制度がわが国の社会福祉の水準を担保してきたことも事実である。

第5節　社会福祉サービス供給モデルと日本型福祉社会論

　社会福祉サービス供給の主体として、「自助」「共助」「公助」「市場」の4つのセクター（部門）をあげることができる。この組み合わせにより、いくつかの社会福祉モデルが考えられる。スウェーデンの社会福祉研究で知られる高島昌二（2007）は、次の3つに社会福祉政策をモデル化した。

①自立——個人の責任ないし市場の役割重視（自助）——新自由主義のアメリカ的市場中心モデル——小さな政府指向——所得再分配小

②共生——家族・近隣・共同体ないし相互扶助（共助）——保守主義的ドイツ・フランスの社会保険モデル——中程度の政府指向——所得再分配中

③連帯——社会全体で協力（公助）——社会民主主義のスウェーデン的普遍主義モデル——大きな政府指向——所得再分配大

　わが国においては、「②保守主義的ドイツ・フランスの社会保険モデル」をベースに、1973（昭和48）年の老人医療費無料化制度に象徴されるように「③社会民主主義のスウェーデン的普遍主義モデル」を取り入れ、その後オイルショックを契機に「①新自由主義のアメリカ的市場中心モデル」へ移行してきたと高島は指摘する。

　わが国が指向した「③社会民主主義のスウェーデン的普遍主義モデル」は、別に「福祉国家型福祉モデル」と呼ばれる。「スウェーデン的」とあるように、このモデルは北欧諸国で開花し発展してきたものだ。「自助」や「共助」の前提として「公助」を位置づけ、公的責任のもとで福祉ニーズの充足をはかろうとする考え方といえよう。

　このモデルの対極にある「①新自由主義のアメリカ的市場中心モデル」においては、「市場」の役割が大きく見積もられている。しかし、「市場」の活用は慎重であるべきだ。なぜなら、「福祉サービスの利用者は必ずしも、市場における商品選択に必要とされる判断能力と自己責任能力をもつ消費者ではない。逆に、福祉サービスの利用者の大多数は市場弱者というべき人びと」（古川、1998）だからである。

(1) 19世紀の資本主義社会モデル
古典的な資本制社会では、市場部門を中心とした自由競争（レッセ・フェール）を理想とし、A. スミス的な小さな政府を目指したので公助は抑制する方向をとる。その際「見えざる手」が自動的に働き安定した経済社会が実現されるとする。この考え方は経済恐慌によって破綻した。

(2) 「福祉国家」型福祉モデル
「福祉国家」モデルは、ケインズ的な大きな政府によって計画的な施策がとられるので公助は拡大される。かつてのイギリスが目指したfrom Womb to Tombの国家による保障が貫徹されている。公助に対する市場の役割は相対的に低く抑制されている。高福祉を志向する。

(3) 「日本型福祉社会」モデル
新保守主義のハイエクやフリードマンが主唱する公助抑制型の「福祉社会」を目指すもので、1970年代後半以後、先進資本主義国のレーガン（米）、サッチャー（英）、中曾根（日）政権が進んで選択した政策で、福祉抑制を目指す。市場の供給量を大きく見積もっている。

(4) 「福祉ミックス」型モデル

R. ローズ提唱のウェルフェアー・ミックスの考え方はすべてのセクターを等価なものと見なし、相補的に捉えることを特徴とする。異質なフォーマル、インフォーマルな部分も横並びにして福祉供給量をセットするところに無理がある。ここでも市場の供給量を高く見積もってある。

　円の大きさは各部門の供給量の大きさを示し、また、色が濃い円は公的な部門（フォーマル・セクター）を表わし、白い円は私的な部門（インフォーマル・セクター）を表わしている。

図1-3　社会福祉サービス供給モデル

出典：大野光彦編著『新・社会福祉論』八千代出版、1993年

わが国では、「①新自由主義のアメリカ的市場中心モデル」を下敷きに、「日本型福祉社会論」という政策を 1979 (昭和 54) 年に閣議決定 (「新経済社会 7 ヵ年計画」について) する。論拠を与えた第二次臨時行政調査会は、スタグフレーションにある経済状況を乗り切るためには、「効率の良い政府が適正な負担の下に福祉の充実を図ることが望ましい」と主張した。自助を前提とし、地域社会で助け合うこと (共助) を通して、福祉ニーズの充足をはかるのが適当という発想である。自助の補完として公助を位置づけるところにその特徴が見られる (図 1-3 参照)。

　自助と公助の関係について、里見賢治は「まず自助があって、いっさいの自助努力が尽き果てたときに社会保障制度 (筆者注：公助) があるという関係ではなく (中略) まず社会保障制度があって、それによってわたしたちの生活の基盤的な諸条件を確保しながら、それを前提として各人の自助努力がある」(里見、2008) べきだという。これに即して考えるならば、「社会民主主義のスウェーデン的普遍主義モデル」以外に選択肢はない。

【引用・参考文献】
蟻塚昌克『日本の社会福祉—礎を築いた人びと—』全国社会福祉協議会、2019 年
大野光彦編著『児童福祉論』八千代出版、1997 年
岡部伊都子『清らに生きる』藤原書店、2007 年
柏女霊峰『子ども家庭福祉学序説—実践論からのアプローチ—』誠信書房、2019 年
加藤智章・菊池馨実・倉田聡・前田雅子『社会福祉法』有斐閣、2001 年
菊池馨実『社会保障再考—〈地域〉で支える』岩波書店、2019 年
五島茂・坂本慶一編『オウエン／サン・シモン／フーリエ』中央公論社、1980 年
里見賢治『新年金宣言—基礎年金を公費負担方式〈税方式〉へ—』山吹書店、2008 年
里見賢治・二木立・伊東敬文『公的介護保険に異議あり—もう一つの提案—』ミネルヴァ書房、1996 年
澤地久枝「声なき声を聞く」(日本放送協会『NHK 知るを楽しむ—人生の歩き方—』2008 年)
袖井孝子「少子社会の課題と将来」(法研「週刊社会保障」No. 2344、2005 年 8 月)

高島昌二「福祉の自由主義か、社会民主主義か」（皇學館大学社会福祉学部編『小さな政府論が提起する新しい福祉課題』皇學館大学出版部、2007 年）

筑紫哲也「居丈高な嫌煙権は、やっぱり嫌だ」（朝日新聞社「論座」2008 年 1 月号）

浜矩子『窒息死に向かう日本経済』角川新書、2018 年

中野重治『中野重治詩集』岩波文庫、1956 年

野坂昭如『火垂るの墓』新潮文庫、1968 年

日高六郎『戦後思想を考える』岩波新書、1980 年

藤田省三『精神史的考察』平凡社ライブラリー、2003 年

古川孝順『社会福祉改革—そのスタンスと理論—』誠信書房、1995 年

古川孝順編著『社会福祉 21 世紀のパラダイム I』誠信書房、1998 年

山本茂美『あゝ野麦峠—ある製糸工女哀史—』角川文庫、1977 年

吉田明弘『社会福祉の見方・考え方』八千代出版、2018 年

吉田明弘編著『児童福祉論—児童の平和的生存権を起点として—（第 3 版)』八千代出版、2016 年

ミキ・デザキ監督／映画「主戦場」劇場用パンフレット、2019 年

ロバート・オウエン著／本位田祥男・五島茂訳『自叙伝（上)』日本評論社、1947 年

ロバアト・オウエン著／揚井克巳訳『新社会観』岩波文庫、1954 年

第2章
子ども家庭福祉の歴史的発展

第1節　子ども観の変遷

　人間の子どもは生理的早産を特徴とする。すなわち、未熟な状態で生まれてくるために、大人の保護や教育が不可欠である。ところが、文明が未発達で生産力が低い時代においては、早く大人になることが求められ、けっして保護や教育の対象ではなかった。「子どものこころは成人が自由に何でも書き込める『白紙』の状態にあるとみなされて」（古川、1982）おり、子どもは大人の従属物という意識が強かった。

　ルソー（J. J. Rousseau）は『エミール』を1762年に著し、大人の準備期として子ども時代が存在するのではないという新しい子ども観を示した。そして、「万物をつくる者の手をはなれるときすべてはよいものであるが、人間の手にうつるとすべてが悪くなる」（ルソー、1962）と論じ、大人の価値観で子どもを教育する誤りについて主張する。

　ルソーの子ども観を発展させ、児童中心主義の潮流をつくったのが『児童の世紀』（1900年）の著作で知られるエレン・ケイ（E. Key）である。彼女は、「全生涯を通じて子どもの時代ほど平和を必要とする時期は絶対にない」（ケイ、1979）と訴えたが、残念ながら20世紀は二度にわたる大きな戦争を経験し、多くの子どもが犠牲になった。その反省に立ち、子どもの人権を保障する取り組みが国境を越え進展していく。

1　子どもの権利に関するジュネーブ宣言

　第一次世界大戦後の1920年に国際連盟が設立された。そこで事務局次長

を務めたのが、教育者として知られる新渡戸稲造である。彼は、「（連盟の事務局職員が）理想主義精神に動かされている事実と、世界を立て直そうというこの新しい冒険に対する強い責任観念に駆り立てられている」（篠原、2010）ことを国際社会に知らしめた。第一次世界大戦による死者は、「軍人、民間人を含めて約945万人」（篠原、2010）と推定されており、甚大な被害が国際連盟創設の動機になったと思われる。二度と戦争を起こしてはならないという強い信念のもと、国際連盟の理念や役割について新渡戸は各国で演説を行い、平和運動に奔走する。

　新渡戸のリーダーシップのもと、加盟国の努力により1924年に成立した「子どもの権利に関するジュネーブ宣言」は、「すべての国の男女は、人類が子どもに対して最善ものを与える義務を負う」ことを理念として掲げ、併せて「飢餓、病気、ハンディキャップのある子ども、非行児、孤児、浮浪児は援助されるべきであり、子どもは危機にさいして最初に救助されるべきであり、子どもは搾取から保護されるべきであり、子どもはその能力が人類のために捧げられるという自覚をもって育てられるべき」（近藤、1995）という人権保障の中身を明示した。

　ちなみに、イギリスの児童救済基金団体が「世界児童憲章」を1922年に発表している。その内容は、戦争の犠牲となった子どもの身体的かつ精神的な幸福の実現を訴えるものであり、「子どもの権利に関するジュネーブ宣言」に影響を与えた。

2　子どもの権利に関する宣言・世界人権宣言

　第二次世界大戦が1939年に勃発し、その結果、「子どもの権利に関するジュネーブ宣言」は反故となり、無残にも子どもたちの平穏な日常が奪われた。その悲劇を二度と繰り返さないという反省から、「国際平和及び安全を維持すること」（国際連合憲章第1条）を目的に、1945年に国際連合が結成される。

　国際連合憲章には、人権に関する項目が多く盛り込まれている。その理由について、国際連合事務次長を務めた明石康は「第二次大戦を誘引すること

になったファシズムやナチズムによる人権蹂躙の生々しい記憶に基づいている」(明石、2006) と指摘する。国家主義によって、再び「人権蹂躙」が行われないよう、人権保障の国際的な枠組みづくりに国際連合は乗り出したのである。

　このような背景のもと、「すべての人間は生まれながらにして自由であり、かつ、尊厳と権利について平等である」と定める「世界人権宣言」が、1948年に国連総会で採択された。

　時代は前後するが、1946年、国際連合社会委員会は人権委員会に対して、「子どもの権利に関するジュネーブ宣言」の改正を指示している。単なる改正ではなく、新たな宣言づくりが模索された。新しい酒は新しい革袋に盛れというわけである。

　13年間にわたる改正作業を経て、1959年に「子どもの権利に関する宣言」が国際連合第14期総会において採択された。「子どもの権利に関するジュネーブ宣言」や「世界人権宣言」をもとに、姓名・国籍を持つ権利、社会保障の恩恵を受ける権利、心身に障害を有する子どもへの治療・教育・保護、可能な限り両親の愛護と責任のもとで育てられること、教育を受ける権利などが明記されている。採択にあたり、「これまで犠牲になってきた女性と子どもの人権保障を各国の最高の政治課題とする」(新保、1996) ことが、加盟国間で確認されたという。

　国際連合第31期総会において、「子どもの権利に関する宣言」採択20年目の1979年を「国際子ども年」とすることが決議される。その背景には、「子どもの権利に関する宣言」を、法的拘束力のある条約へと昇格させるねらいがあった。「わが子への愛を世界のどの子にも」というスローガンのもと、さまざまな人権啓発活動が同年を中心に世界各国で展開される。そして、「国際子ども年」から10年目に宣言の条約化をめざすスケジュールが組まれた。

　わが国において、子どもの権利宣言に相当するものは、1951 (昭和26) 年に制定された「児童憲章」である。「児童は、人として尊ばれる」「児童は、社会の一員として重んぜられる」「児童は、よい環境の中で育てられる」こと

を掲げた。わが国における新しい子ども観の萌芽である。

3　子どもの権利に関する条約

　この条約の草案に影響を与えたといわれている教育者ヤヌシュ・コルチャック (J. Korczak) は、「子ども時代とは、人生の準備の時期ではなく、人生の一要素また人生の不可欠な部分であり、大人時代にとっての要・不要によっては図り得ない絶対的価値をもつものであり、それは人間の人生の他の時代と同様に価値をもつものである」(塚本、2004) と主張する。「大人を人間の完成形」と考える従前の子ども観を覆し、子ども時代そのものに価値が宿っているとコルチャックは考えた。「子どもを人間の完成形」ととらえるところに彼の人権思想の特徴が見られる。

　1989 年 11 月 20 日、「子どもの権利に関する条約 (児童の権利に関する条約)」は、国際連合第 44 期総会において全会一致で採択された。この条約は、18歳未満のすべての子どもの保護と基本的人権の尊重を目的とし、前文と本文54 条から構成される (全文を 183 ページに掲載しているので参照されたい)。条約を貫くのは、「子ども最優先の原則」である。

　国連児童基金 (ユニセフ) は、条約が規定する子どもの人権を、①生きる権利 (すべての子どもの命が守られること)、②育つ権利 (もって生まれた能力を十分に伸ばして成長できるよう、医療や教育、生活への支援などを受け、友達と遊んだりすること)、③守られる権利 (虐待や搾取、有害な労働などから守られること)、④参加する権利 (自由に意見を表したり、団体を作ったりできること) の 4 つの観点に整理した。ここからわかるように、条約には子どもの自由かつ平等に生きる権利が条文化されている。本

写真　ヤヌシュ・コルチャック
出典：日本ヤヌシュ・コルチャック協
　　　会 HP (http://www.korczak
　　　japan.org)

田和子の言葉を借りるならば、「人間の価値を『能力の多寡』や『能力によって発現された効果』で判断するのではなく、それぞれの『存在そのもの』の意味において、それぞれを評価し位置付けようとする価値観」（本田、2000）が条約に備わった子どもの人権観である。

条約採択 5 年後の 1994 （平成 6）年に日本は条約を批准し、158 番目の締約国となった。その後、2004 （平成 16）年に「武力紛争への子どもの関与」、2005 （平成 17）年に「子どもの売買・児童買春および児童ポルノ」の 2 つの選択議定書を批准している。

条約の第 3 条は、「児童に関するすべての措置をとるに当たっては、公的若しくは私的な社会福祉施設、裁判所、行政当局又は立法機関のいずれによって行われるものであっても、児童の最善の利益が主として考慮されるものとする」（政府訳）と規定する。この子どもの最善の利益をめぐって、児童福祉司として働く筆者が直面する課題があるので、最後に記しておきたい。

児童相談所では、場合によっては被虐待児の一時保護を行う。子どもの安全確保のために必要な措置ではあるが、子どもの立場に立って考えると、家庭から離れ、一時保護所や児童福祉施設等で生活することは、環境の変化が著しい。一時保護期間中も、学習時間は確保されているものの、毎日通っている学校へは行くことができず、運動会や修学旅行などの学校行事への参加も制限される場合が多い。だから、「学校へ行きたい」という子どもの声を聴くたびに、子どもの最善の利益が侵害されているのではないかという懸念が生じる。

この課題をめぐり、国際連合子どもの権利委員会は日本政府に対して、「子ども及び親からの聴取後、子どもの保護及び子どもの最善の利益に必要な場合に、最終手段としてのみ、子どもが親から引き離されるようにすること」と勧告している。「児童がその父母の意思に反してその父母から分離されない」（第 9 条）という原則を踏まえてのことだと思われる。現在行われている一時保護措置が、親の意思や子どもの最善の利益を十分考慮した「最終手段」になっているかどうかの検証が求められる。

第2節　諸外国における子ども家庭福祉の歴史的発展

　みなさんは『フランダースの犬』や『マッチ売りの少女』の物語を読んだことはあるだろうか。これらの物語に出てくる主人公は、生活に困窮し、子どもながらに労働を余儀なくされ、最後には幼くして命を失ってしまうのである。社会保障や福祉政策がない時代、物語の主人公たちのように必要な支援を受けられず、教育も受けられず、幼くして亡くなっていった子どもは数えきれない。本節では、社会保障や福祉政策がない時代の諸外国の子どもの生活から、どのような問題がおき、そこからどのように変容していったのか、そして、時代の移り変わりとともに、いかにして子どもを守ろうとしてきたのかを概説する。

1　古代・中世における子ども
1）古代における子どもの処遇とキリスト教徒による子どもの保護
　子どもの歴史を遡ると、「子殺し」「子捨て」など悲惨な事実がみえてくる。古代社会においては、子どもの生存は不安定な立場に置かれていた。例えば、古代ギリシアでは、子どもは、健康で強く、将来社会に貢献し得る者のみが存在価値を認められ、弱い子、社会の負担になる子、障害のある子などの存在は認められず、殺害されていた。また、古代ローマでは、家父長制のもとで、すべての家族構成員が家父長の絶対的な権力支配化におかれ、生まれた子どもは家父長が家族の一員と認めなければ、殺すか捨てられていた。この時代は、私生児や障害児の多くが殺されるか捨てられ、特に女児は男児の2倍以上が捨てられていたという。

　このように、「子殺し」や「子捨て」が顕在化していた一方で、キリスト教の発展とともに宗教的な動機から子どもを保護しようとする動きが起こってくる。時のローマ皇帝コンスタンティヌス1世は、313年に「ミラノ勅令」を出すことでキリスト教を国教として公認し、教会に経済的な援助を与えた。これによって、キリスト教徒の慈善活動は活発化するとともにヨーロッパに

広がっていった。また、養育の困難な貧困家庭には、衣食の支給をし、「子殺し」や「子捨て」を禁止するといった措置を講じて、国家による子どもの保護対策やキリスト教徒による宗教的な子どもの保護活動が行われるようになった。

2）中世における子どもの処遇

ヨーロッパではローマ帝国時代の秩序が崩壊し、力による奪い合いなどが起こったことから、弱い者が強い者の保護を求める傾向が強まっていった。そうした中で、10世紀頃に封建社会が完成する。中世ヨーロッパの封建社会は、領主と農民との主従関係を基盤として、生活共同体を形成していた。領主の領有地における農民の生活は、地縁・血縁関係を基本とした生活共同体であり、そこには連帯意識と相互扶助が存在していたといえる。病人、孤児、障害児・者、老衰者等に対しては、この生活共同体の中で相互に助け合うかたちで生活をしていた。

また、11世紀末になると、商業活動が活発化し、各地で都市が発達していった。都市部においては、商人ギルドや手工業ギルドといった共同体が発生し、仲間のさまざまな生活上の困難や子どもの養育等に対して、相互に助け合って対応することを、ここでも同じように行っていた。一方、生活共同体やギルド等からはみ出た者も存在した。そうした人々には、キリスト教の修道院や療治院、救貧院等が救済する役割を果たしていた。

2　イギリスの子ども家庭福祉の歴史

1）封建社会の崩壊と救貧法

資本制社会が形成される前のイギリスにおいては、領主と貧しい農民という構図が固定化していた。しかしながら、たとえ貧しい農民であっても、その地域の中でともに支え合うことで最低限の生活は保障されていた。

しかし、封建社会が資本制社会へと移行すると、貧民に対する考え方が一変する。それまでは、地域の中で相互扶助が機能していたが、領主による土地の囲い込み（エンクロージャー）よって、小規模な農民たちが農地を失い、地域における相互扶助は、徐々に機能しなくなっていった。資本制の利益重

視の生産方法が一般化していく中で、ギルドの中での相互扶助機能も低下していったことから、生業を奪われた失業者を大量に生み出し、浮浪者や困窮による窃盗といった生きるために罪を犯してしまう者が増加した。この時、ヘンリー8世は、こうした社会の変化に対して、何らかの対応の必要性を感じた。そして、1531年、王令によって貧民を「病気等のために働けない者」と「怠惰ゆえに働かない者」に分類し、前者には物乞いの許可を与え、後者には鞭打ちの刑を加えることとした。この王令は1536年に救貧法として成文法化され、救貧政策の始まりとされる。

2）エリザベス救貧法と子どもの生活

　これまでの救貧政策を再編するかたちで、1601年に「エリザベス救貧法」が制定された。これまで各地域に委ねられていた救貧行政を教区を単位として集約し、国家の管轄として行うこととした。また、貧民を「有能貧民」「無能力貧民」「子ども」の3つに分け、それぞれに対策を行った。有能貧民には道具や材料を与えて労働を強制し、無能力貧民については救済の対象として金品の給付や施設収容などを行った。子どもについては、強制的に徒弟に出され、男子は24歳、女子は21歳もしくは結婚するまで労働させた。しかし、中世における徒弟制度においては、親方の生活も不安定な状況にあったため、徒弟に出された子どもの生活は悪くなるばかりであり、この時代における貧困の子どもの生活は悲惨なものであった。救済の対象は、あくまで労働能力のない貧民であり、貧困の子どもは労働を強制することに重点をおいていたのである。

　エリザベス救貧法は、すべての貧民を救済、保護の対象としたことから、社会保障の原点といわれているが、実態としては、貧民の生活の質の向上といった福祉的な目的ではなく、貧民が社会不安を惹き起こさないようにする治安維持としての側面が大きかったことも理解しておかなければならない。

3）産業革命と子どもの労働

　18世紀後半になると、ヨーロッパの人々の生活は大きく変わっていった。衣食住に働き方や余暇の過ごし方まで変化し、現代の生活の基本ができあがる時代となる。このような生活を推し進めたのが産業革命であった。

18世紀後半のイギリスは、産業革命によって紡績を中心とした産業が盛んになる。綿花から糸をつむぐ機械や紡績機などが発明され、これまでの手作業から工場での大量生産の時代へと変わっていった。産業革命による機械の導入と工場化は、単純な仕事を増やし、工場では時間給が基本となって、それまでの農村とは異なる習慣が広まっていった。産業革命が始まると、資本家たちは多くの利益を求めて、労働者を長時間、低賃金で働かせた。機械化によって熟練した技術は必要でなくなり、賃金の安い女性や子どもたちも多く使われるようになっていった。子どもは、使い捨てにできる労働力として酷使されるとともに、不衛生で過酷な環境の中での生活を余儀なくされ、栄養状態も悪かったため、このころの労働者の平均寿命は15歳であったという。

　このような状況の中、1802年に「工場徒弟の健康および道徳の保護に関する法律」が制定され、子どもの長時間労働の制限がなされた。この工場法制定のきっかけとなった人物がロバート・オウエン（R. Owen）である。オウエンについては、第1章第1節を参照されたい。

4）慈善組織協会（COS）と子どもの保護

　19世紀後半、産業革命後のイギリスは、資本制の発展にともなって、国民の貧富の差が拡大し、失業と貧困、劣悪な労働環境と病気など、資本制がもたらした社会問題が深刻化していった。しかし、国家としての対策は、新救貧法体制のもと、貧民への劣等処遇の原則、労役場（ワークハウス）への収容と強制労働などの救貧事業にとどまっていた。このような背景から、民間による慈善団体の発展がはじまっていたが、慈善活動が乱立する傾向もあって、救済の重複と救済漏れの問題も生じていた。そこで、1869年に無差別施与と慈善活動の乱立の弊害を防止し、救済の適正化や慈善団体の連絡と調整、協力と組織化を図ることを目的にロンドンに慈善組織協会（COS：Charity Organization Society）が設立される。慈善組織協会は、貧困の原因は個人の道徳的退廃にあるといった活動理念をもち、物質的な援助よりも道徳的な改良によって生活改善を与えることや立ち直らせることをめざした。また、救済の対象を「救済に値する貧民」と「救済に値しない貧民」に選別する選別主

義をとり、「救済に値する貧民」のみを対象として自立を目指した慈善活動を展開していった。

資本制の発展は、子どもを労働力として活用としたが、子どもの権利保障に向けた施策の制定や慈善組織協会による活動によって、徐々に子どもの保護の体制が構築されていったのである。

5）戦争犠牲と子ども家庭福祉の形成

1914年に勃発した第一次世界大戦（1914〜1918年）によって多くの子どもが犠牲になった。この悲惨な現実を目の当たりにして、子どもを戦争の最大の犠牲者としてとらえる認識を生み出し、社会における意識が変革していった。イギリスのジェブ姉妹は、児童救済基金団体を設立して、戦争で飢えに苦しんでいるヨーロッパの子どもたちに食糧を送るなどの支援を行った。

その後、またしても戦争が勃発する。第二次世界大戦（1939〜1945年）真っ只中の1941年、保守党のチャーチル首相は、戦後の社会保障のあり方を検討するため、経済学者のベヴァリッジ（W. H. Beveridge）を委員長として社会保険および関連サービス各省連絡委員会を発足させ、1942年に「ベヴァリッジ報告（社会保険および関連サービス報告書）」を出した。同報告は、社会保険と公的扶助の組み合わせによって、国民の最低生活を保障することを掲げ、イギリスは「ゆりかごから墓場まで」すなわち生まれたときから死ぬまでの一生涯を国が守る仕組みを構築するという福祉国家をめざしはじめることになる。また、1948年に施行された「児童法」において、戦争等によって家庭を奪われた子どもを公的責任のもとで保護することとし、保護された子どもは、里親委託または小規模施設において養護した。

6）1980年代以降の子ども家庭福祉の展開

1979年にマーガレット・サッチャー（M. Thatcher）が首相に就いたのを契機にイギリスでは保守党政権のもとで「小さな政府」が追求された。その結果、経済の活性化という効果をもたらした一方、貧富の格差の拡大、若年層の失業の増加や犯罪の増加など社会の荒廃という弊害をもたらした。子育てへの公的支援は抑制され、保育所に通う子どもの割合はヨーロッパ諸国の平均を大きく下回った。また、イギリスの子どもの貧困率をみると、1960年代

は10%前後の水準にあったが、サッチャー政権発足後は上昇しはじめ、1997年には27%にまで達していた。

　1997年になると、政権交代を果たしたトニー・ブレア（T. Blair）率いる労働党政権が発足する。ブレア首相は、1999年に「2020年までに子どもの貧困を解消する」と宣言し、以降、政府はすべての子どもが人生の機会を等しくもてる公正な社会の実現をめざして、多くの対策を打ち出した。「所得保障」「親の就労支援」「子育て支援」を3本柱に据えて、子どもと子どもを育てる親まで含めて丸ごと支援する拠点としてチルドレンズセンターを設立した。ブレア政権が誕生した1997年から2010年までの変化を見ると、子どもの貧困率は27%から18%へ低下し、特にひとり親世帯の子どもの貧困率は49%から22%へと低下している。

　しかしながら、2010年の政権交代による保守党・自由民主党の連立政権の発足によって、社会保障費削減が打ち出され、2010年以降、子どもや親への公的支援は減らされており、現在は子どもの貧困率が再び上昇に転じている。

3　アメリカの子ども家庭福祉の歴史

　アメリカではイギリスの植民地時代より、長らくの間イギリスのエリザベス救貧法になぞらえた救貧政策がとられ、子どもの救済はイギリスと同様に徒弟制度によるものが中心であった。1800年代になると、急速な都市化と工業化が進み、資本制社会が加速する。産業革命はそれまでの徒弟制度を崩壊させ、アメリカでも多くの子どもが低賃金で危険な場所において長時間労働を強要させられるようになった。この時代、裕福な家庭は子どもを私立学校へ入学させて教育を受けさせるようになり、一方で貧しい子どもは教育を受けることなく働かされ、徐々に貧富の差は増大していった。

　1880年代に入ると、資本制が生み出した貧富の差はいっそう拡大し、各地にスラム街（貧困街）を形成した。ジェーン・アダムス（J. Addams）らは、1889年にシカゴでハルハウスを創設し、貧民救済や子どもの保育事業などに取り組み、社会的な関心が集まるようになっていった。

　1900年代になると、それまで民間の慈善団体が担っていた福祉的支援を国

が担うことを求める動きが活発化した。1909 年、セオドア・ルーズベルト（T. Roosevelt）大統領は、子どもの救済政策について検討するため、「白亜館会議（ホワイトハウス会議）」を開催し、子どもの家庭養育の重要性や孤児問題について議論を交わした。同会議の内容を踏まえ、1912 年には連邦政府に児童局が創設され、公的責任において子どもの家庭福祉を保障していくことになる。

　1929 年、アメリカでは世界恐慌が起きた。これによって、多くの失業者、貧困者が生まれ、生活に困窮する子どもや孤児、浮浪児も増加した。社会保障制度の充実を要求する運動も強まり、当時のフランクリン・ルーズベルト（F. D. Roosevelt）大統領は、恐慌対策として打ち出したニューディール政策の一つとして、1935 年に社会保障法を制定した。同法は、「社会保険制度」「公的扶助」「社会福祉サービス」の 3 つで構成され、子ども家庭福祉は社会保障制度の中に組み込まれることとなった。しかし、その後のアメリカは、社会保障費の増大に瀕することとなり、1962 年に社会保障法を改正する。この改正によって、貧困者への給付から自立を支援するサービスへと転換を図り、特に要保護の子どもについては、施設養育中心から地域における小規模養育へとシフトし、家庭養育や里親養育を中心とした形態へと移行していった。

4　スウェーデンの子ども家庭福祉の歴史

　スウェーデンにおいて、貧困家庭の子どもに対する救済事業が行われはじめたのは 19 世紀まで遡ることができるが、子どもの貧困問題が本格的に取り上げられ、子ども家庭福祉サービスが社会的責任として位置づけられるようになったのは、20 世紀に入ってからである。

　1854 年、スウェーデンは、生活のために働かなければならない母子家庭のための施設として託児所を開設した。また、ほぼ同時期に作業所を創設し、貧困家庭の子どもを受け入れて、何かしらの手工芸を教えた。この頃の託児所や作業所はともに社会制度ではあったものの、運営は市民や民間の慈善団体などが行っていた。子どもの保育を公的責任のもとで行うようになっていったのは、1930 年代に入ってからになる。そして、1950 年代に入ると、母

子家庭に対する支援対策や貧困家庭に対する防貧対策といった位置づけから、すべての子どもがいる家庭への支援対策として、普遍的サービスへと転換していった。

1902年、スウェーデンで最初の児童福祉法が制定された。このときの児童福祉法は、将来罪を犯すかもしれない若者を救うことを狙いとしていた。また、未婚女性の婚外子出産が多く、母子家庭世帯の貧困が社会問題化していたことから、これへの対策も求められていた。児童福祉法のもとで、基礎自治体であるコミューンに児童福祉委員会を設置し、子どもや問題を抱える家族に対する支援を行うとともに青少年の更生施設や児童養護施設などの整備を行った。1942年に同法が改正されると、児童養護の対象は、家庭における被虐待児を含むよう拡大され、児童福祉委員会は、子どもが虐待された家庭に介入することを義務づけた。その後、1960年のさらなる法改正によって、子どもがいる世帯に対する予防的な事業や子どもならびに青少年の余暇活動の改善など、普遍的な事業が強化されていくことになる。

第3節　わが国における子ども家庭福祉の歴史的発展

1　明治・大正期における子ども家庭福祉の展開

わが国における慈善事業のはじまりは、聖徳太子が四天王寺に開いた敬田院・施薬院・療病院・悲田院からなる四箇院の設置である。中でも悲田院が、孤児や高齢者などの施設に該当し、その機能を担っていた。

鎌倉時代の動乱期には、国家体制と結びついた仏教の中から、民衆の救済を考える僧侶が現れる。その代表が浄土真宗の祖・親鸞である。彼が唱える「悪人正機説」は、当時社会から疎外されていた漁師・猟師・商人・芸人・娼婦などの救済に向けられたものだった。「一人に覆いかぶさる苦難は、その人個人を越えた人類全体の苦しみであり悲しみなのだと親鸞は考えた」（野本、1998）のである。

江戸時代は、飢饉の影響もあり、貧困のために生活が苦しく、子どもを育てることに限界があり、堕胎や間引き、捨て子などが行われた。そのため幕

府は、1690（元禄3）年に「棄児禁止の布令」、1767（明和4）年に「間引き禁止令」を発令した。一方、白河藩（東北地方）では「大商人たちは公共事業を行うことによって利潤を社会に還元するという考えをもっていた。間引きをなくするために育児費を支給する富商があったり、天明・天保の飢饉には、米や金銀を寄付する大商人が多くあり、それによって一人の餓死者も出さなかった」（柴田、1989）といわれている。つまり、地域で助け合い、相互扶助の仕組みを確立し、自発的に「富の再分配」が機能していたのである。

　明治維新を契機に誕生した資本制社会の構造的矛盾は、失業者や路上生活者などの生活困窮者を生じさせた。1874（明治7）年には、貧民対策として「恤救規則」が制定された。対象者は、労働能力のない「無告ノ窮民」とし、救済の基本的な考え方は、「人民相互ノ情誼」と示された。「情誼」とは愛情や義理という意味で、困ったら自分たちで助け合う「自助」と「相互扶助」が求められた。そのため、救済は限定的なものであり、有効性に乏しく、生活困窮者は増加していった。

　ここからわかるように、明治政府は生活困窮者対策に消極的であった。むしろ、子ども福祉に尽力し、積極的に子どもの保護にあたったのは、宗教的動機を背景とする篤志家である。

　1887（明治20）年に「児童養護の父」と称される石井十次によって設立された岡山孤児院は、濃尾大震災や東北地方の大飢饉で親と離別した多くの子どもを引き受け、キリスト教思想に基づく孤児救済を行った。彼は、実際に生活に困っている子どもがいる以上、それを放置することは許されないとして、孤児救済家で知られたイギリスのジョージ・ミュラー（George Muller）に倣い、「無制限収容」を実施した。1000人をこえる貧困児を引き受けたといわれている。

　石井の児童養護実践は、「岡山孤児院十二則」と呼ばれる。具体的には、①家族主義、②委託制度、③満腹主義、④実行主義、⑤非体罰主義、⑥托鉢主義、⑦非借金主義、⑧米洗主義、⑨宗教教育、⑩密室主義、⑪小学教育、⑫実業教育をもとに、生活と労働を中心とした取り組みを行った。

　1890（明治23）年に小橋勝之助は、兵庫県赤穂郡矢野村に「博愛社」を創設

し、4年後にはそれを大阪に移転させ、孤児救済に尽力した。

　石井亮一は、わが国最初の知的障害児施設「滝乃川学園」を1891（明治24）年に東京に開設する。彼は渡米し、知的障害について学び、知的障害児の療育や教育についての研究活動を展開したという。また、濃尾大震災後は、石井十次と一緒に「震災孤児院」を設立し、救済活動に励んだ。

　1897（明治30）年にクリスチャンである片山潜は、セツルメント運動（本書第7章第1節参照）の拠点となる「キングスレー館」を創設し、社会改良に着手する。賀川豊彦は、神戸の貧民窟で同様の取り組みを行い、これらを通してキリスト教社会事業は発展を遂げていく。

　非行少年を対象とした「家庭学校」を、1899（明治32）年に設置した留岡幸助は、非行少年に良い環境と教育を与える感化教育を北海道で実践した。

　1900（明治33）年に野口幽香と森島峰は、貧困家庭の子どもを対象とした二葉幼稚園を開設した。その取り組みは、「単なる保育にかける子どもを預かるだけではなく、地域に拠点をおいて住民に働きかけて生活相談、支援の活動をするところは、セツルメント活動の草分けとなる」（蟻塚、2019）であった。

　セツルメント運動は、慈善活動に終始することなく、資本制社会の構造的課題を明らかにした点で、その果たした歴史的意義は大きい。

　篤志家たちの八面六臂の活躍にもかかわらず、貧困は深刻化していく一方であった。横山源之助は、1899年に『日本之下層社会』を著し、労働者階級の困窮状況を世に示した。

2　子ども福祉事業のルーツと展開

　わが国の社会事業は、明治期の慈善事業や大正期の感化事業を経て発達していった。その背景には、上述した通り社会改良運動があった。

　第一次世界大戦を背景に、国民生活は混乱し、1918（大正7）年に米騒動が起こる。その鎮圧と富国強兵を目的に、政府は救貧政策を進める。

　ところで、年少児童労働の規制を目的とした「工場法」がわが国において成立したのは、1911（明治44）年のことであった。未来の労働力保全が法制定

の動機といえる。

　恤救規則を見直した「救護法」が公布されたのは 1929 (昭和 4) 年である。しかし、財政的な問題からその施行は 1932 (昭和 7) 年まで引き延ばされた。恤救規則における「無告ノ窮民」の条件は撤廃され、政府による貧困者の救済義務を明確にした。救済の対象は、① 65 歳以上の高齢者、② 13 歳以下の児童、③妊産婦、④傷病人・障害者に限定され、労働能力のある者は除外される。

　1937 (昭和 12) 年には、「母子保護法」が成立した。法律制定の背景には、「世界大恐慌のもとで、生活破綻が進展する過程において、家族制度の崩壊のはじまりとともにしだいに目立ってきたものの一つに、親子心中とりわけ母子心中がありその原因の多くが『生活困難』によることなどがしだいに判明してきた」(一番ヶ瀬、1995) ことがある。そのため、13 歳以下の子どもをもち、生活が困難で、子どもの養育が不可能である貧困な母子世帯に対して、在宅扶助や母子保護施設への入所を行うことが目的とされた。しかし、夫が失業中の母、妊婦は救済の対象外であった。

　また、子殺しや児童の虐待が目立ってきた状況を受け、1933 (昭和 8) 年「児童虐待防止法」が制定された。児童虐待を行った者への処分、児童業務・行為についての禁止および制限、違反者への懲罰などが定められていた。さらに、これまでの感化法を廃止し、同年 5 月には、少年の不良化防止と早期発見を目的として「少年救護法」が制定された。対象は、不良行為もしくはそのおそれがある 14 歳未満の子どもであった。

　1939 (昭和 14) 年に勃発した第二次世界大戦下の日本は、翼賛体制のもと、徴兵政策との関連の中で、児童の健全育成が強調されていく。

3　戦前・戦後の子ども家庭福祉の施策

　戦時中の子どもを取り巻く社会環境について、絵本作家である加古里子は「学習とか勉学というより戦争が生活全般を支配していた時代だったので、教育による人間形成よりも、戦争に役立つ人材を作る指導が横行していました」(加古、2016) と実体験を述べている。つまり、軍事体制下において子ども

に対する各種施策は、児童の健全育成を第一の目的として行われたのではなく、国家を担う人的資源の保護や育成を目的として進められたのである。

第二次世界大戦が終結した1945（昭和20）年、潜在的な失業者が一挙に顕在化し、食糧不足の結果、国民は貧窮状況にあった。1948（昭和23）年の厚生省（当時）による「全国孤児一斉調査」では、12万3000人もの18歳未満の孤児が存在したと報告されている。当時の様子について野本三吉が、「戦争によって家族や親を失った戦災孤児、引き上げ孤児等の生活の場は全く保障されておらず、街頭で浮浪するほかなかった。また、劣悪な環境のもとで乳幼児の健康衛生状態もひどく、病気や事故も多発していた。さらに、青少年の犯罪も激増していた」（野本、1998）とリポートしているが、ここからわかる通り、子どもたちの環境は悲惨な状況にあった。

その改善をはかるための立法の必要性を認識した政府は、具体的な中身を中央社会事業委員会へ諮問する。「問題児童」の範囲を超えた、次代を担う子どもを育成する法律が適切であるという意見具申を経て、政府は児童福祉法を国会に提出した。1947（昭和22）年12月12日に児童福祉法が公布される。

要保護児童に対象を限定せず、すべての子どもの権利と養育の公的責任を明確にした点において児童福祉法は画期的であった。また、児童福祉審議会や児童委員の設置、そして児童相談所などの相談機関や児童福祉施設の整備を明確にした点も評価に値する。しかし、実態としては、「当面の戦災孤児、引揚孤児、浮浪児問題にたいしても十分な成果をあげえなかった」（古川、1982）という。

このような現実をふまえ、1951（昭和26）年には、「児童は人として尊ばれ、社会の一員として重んぜられる」という文言からなる児童憲章が定められた。戦後の新しい子ども観が、ここに象徴されている。

4 「児童福祉法」成立以後の展開

1955（昭和30）〜1973（昭和48）年の高度経済成長は、経済構造と家族構成に変化をもたらし、生活様式を大きく変化させた。工業化による労働者のサラリーマン化は、農村から都市への人口流入と核家族化を招いた。また、女性

の労働市場進出による共働き世帯の増加により、保育問題が顕在化していく。

　重化学工業の進展は、人々の生活を豊かにする一方で、公害や環境問題を引き起こした。1955 年に発生した「森永ヒ素ミルク事件」では、ヒ素の混入した粉ミルクを飲んだ乳幼児が中毒を起こし、約 130 人が死亡している。また、四大公害病（水俣病・新潟水俣病・イタイイタイ病・四日市ぜんそく）に代表されるように、各種公害の犠牲になる子どもも増えていった。このような状況について中野光は、「日本の経済の高度成長は、児童福祉の問題をあとまわしにして、計画され展開された。（中略）『経済優先の論理』が説かれ、子どもの人権や生活上の憂うべき現実が視野の中にはおさめられていなかった」（中野、1994）と指摘する。企業の利益が優先される中で、そのツケは子どもの健康被害としてあらわれたのである。

　1963（昭和 38）年に厚生省（当時）が発表した「児童福祉白書」は、「児童の非行事犯、情緒障害や神経症、自殺その他による死傷の激増、婦人労働の進出傾向にともなう保育努力の欠如、母性愛の喪失、年間 170〜180 万件と推計される人工妊娠中絶、精薄児、心身障害児や奇形児の増加現象」と子どもが危機的な状況にあることを示している。しかし、このような認識は、「資本制社会の負の産物である子ども問題を『家庭の養育不足』や『母性愛の欠如』に転嫁」（吉田、2016）するものではなかったか。

　中央児童福祉審議会「家庭対策に関する中間報告」（1963 年）において、子ども家庭福祉を実現するためには、子どもと家庭を一体化してとらえるべきとの方向性が打ち出され、厚生省の児童局は、「児童家庭局」に改称された。

　児童福祉法制定以後の児童に関する立法をあげると、児童扶養手当法（1961 年）、母子福祉法（1964 年）、重度精神薄弱児扶養手当法（1964 年）、母子保健法（1965 年）、児童手当法（1971 年）が挙げられる。児童福祉法とこれらの法律をまとめ「児童福祉六法」と一般にいう（ちなみに母子福祉法は母子及び寡婦福祉法に、重度精神薄弱児扶養手当法は特別児童扶養手当等の支給に関する法律に名称変更されている）。

　児童福祉法の制定にみられるように、戦後わが国は「福祉国家」を志向し、ナショナル・ミニマム（国家保障の最低基準）を確立してきた。ところが、1973

42

年のオイルショックを契機とする「福祉見直し論」のもとで、自助努力に基づく「日本型福祉社会論」という政策を採用し、それが現在まで続いているばかりか、むしろ強化されているといってもよい。

【引用・参考文献】

明石康『国際連合』岩波新書、2006 年

蟻塚昌克『日本の社会福祉―礎を築いた人びと―』全国社会福祉協議会、2019 年

池田敬正『日本における社会福祉のあゆみ』法律文化社、1994 年

池谷和子「アメリカにおける児童虐待への法的対応《国際家族　法研究会報告（第 45 回）》」（東洋大学法学会『東洋法学』57、2013 年）

一番ヶ瀬康子『アメリカ社会福祉発達史』光生館、1963 年

一番ヶ瀬康子・高島進編『社会福祉の歴史―講座社会福祉第 2 巻―』有斐閣、1995 年

右田紀久恵・高澤武司・古川孝順編『社会福祉の歴史―政策と運動の展開―』有斐閣、2001 年

大石亜希子「イギリスの児童福祉・家族政策についてのヒアリング調査報告」（千葉大学経済学会『千葉大学経済研究』第 29 巻第 4 号、2015 年）

乙訓稔『西洋現代幼児教育思想史』東信堂、2009 年

加古里子『未来のだるまちゃんへ』文春文庫、2016 年

加登田恵子「〈翻訳〉スウェーデンにおける児童福祉の現状と課題」（山口県立大学社会福祉学部『山口県立大学社会福祉学部紀要』第 7 号、2001 年）

金子光一「イギリスの児童福祉領域における国家責任主義への移行過程―福祉サービスの多元化の理論的背景―」（東洋大学社会福祉学会『東洋大学社会福祉研究』2 号、2009 年）

ケイ，エレン著／小野寺信・小野寺百合子訳『児童の世紀』冨山房百科文庫、1979 年

コルチャック，ヤヌシュ著／サンドラ・ジョウゼフ編著／津崎哲雄訳『コルチャック先生のいのちの言葉』明石書店、2001 年

近藤康子『コルチャック先生』岩波ジュニア新書、1995 年

篠原初枝『国際連盟』中公新書、2010 年

柴田善守『社会福祉の史的発展―その思想を中心として―』光生館、1989 年

新保庄三『コルチャック先生と子どもたち』あいゆうぴい、1996 年

鈴木範久『新渡戸稲造論集』岩波書店、2007 年

高島昌二『スウェーデン社会福祉入門―スウェーデンの福祉と社会を理解するために―』晃洋書房、2007 年

高島進『イギリス社会福祉発達史論』ミネルヴァ書房、1979 年

立花直樹・波田埜英治『児童家庭福祉論（第 2 版）』ミネルヴァ書房、2017 年

塚本智宏『コルチャック　子どもの権利の尊重』子どもの未来社、2004 年

所道彦「ブレア政権の子育て支援策の展開と到達点」（国立社会保障・人口問題研究所『海外社会保障研究』第 160 号、2007 年）

中野光『新訂版戦後の子ども史』金子書房、1994 年

中野光・小笠毅編著『子どもの権利条約』岩波ジュニア新書、1996 年

日本子どもを守る会編『子ども白書 2019』かもがわ出版、2019 年

野本三吉『社会福祉事業の歴史』明石書店、1998 年

林浩康『子どもと福祉―子ども・家庭支援論―（第 3 版）』福村出版、2018 年

東和敏『イギリス家族法と児童保護法における子の利益原則―沿革と現代法の構造』国際書院、2008 年

古川孝順『子どもの権利』有斐閣選書、1982 年

本田和子『子ども 100 年のエポック―「児童の世紀」から「子どもの権利条約」まで―』フレーベル館、2000 年

山縣文治『よくわかる子ども家庭福祉』ミネルヴァ書房、2014 年

横田賢一『岡山孤児院物語―石井十次の足跡―』山陽新聞社、2012 年

吉田明弘編著『児童福祉論―児童の平和的生存権を起点として―（第 3 版）』八千代出版、2016 年

ルソー著／今野一雄訳『エミール（上）』岩波文庫、1962 年

第3章

子ども家庭福祉の制度と実施体系

　子ども家庭福祉は、日本国憲法を基底とする児童福祉法の理念を原則とした種々の法律に基づき実施されている。本章では、基本的な法律である児童福祉六法をはじめとして関連法について学び、子ども家庭福祉の法体系についての理解を深める。また、各法律等に基づき子ども家庭福祉を支えている機関および施設の機能・役割、里親制度と、これらに係る財政について学び、子ども家庭福祉を保障する仕組みを理解する。

第1節　子ども家庭福祉制度の法体系

　子ども家庭福祉は、種々の法律に基づき実施されている。ここでは、子ども家庭福祉に直接関係する基本的な法律（子ども家庭福祉六法）と、関連法について概説する。

1　子ども家庭福祉六法

1）児童福祉法（1947年制定）

　本法は、次代を担う児童一般の健全な育成、福祉を支える最も基本的、総合的な法律である。その特色は、法の目的を規定せず、総則で児童の福祉を保障する原理を明示していることである。これまでに大幅な改正が2度なされている。1つは、保育制度の見直しや児童福祉サービスの目的に自立支援等を組み込んだ1997（平成9）年改正（通称、50年改正）であり、もう1つは、2016（平成28）年の理念等の改正である。第1条と第2条の条文にみるように、この70年ぶりの改正では「子どもの権利条約の精神にのっとり」の文言を盛り込み、子どもの意見表明権の尊重を明示した。また、子どもの養育の第一

義的責任者は保護者であることを明記した。その上で、子どもの育成責任を、保護者のみならず国や地方公共団体にも課すとした。

第1条　全て児童は、児童の権利に関する条約の精神にのっとり、適切に養育されること、その生活を保障されること、愛され、保護されること、その心身の健やかな成長及び発達並びにその自立が図られることその他の福祉を等しく保障される権利を有する。

第2条　全て国民は、児童が良好な環境において生まれ、かつ、社会のあらゆる分野において、児童の年齢及び発達の程度に応じて、その意見が尊重され、その最善の利益が優先して考慮され、心身ともに健やかに育成されるよう努めなければならない。

②　児童の保護者は、児童を心身ともに健やかに育成することについて第一義的責任を追う。

③　国及び地方公共団体は、児童の保護者とともに、児童を心身ともに健やかに育成する責任を追う。

また、第3条の2では、地方公共団体は、子どもが家庭で健やかに養育されるよう保護者を支援することを原則とした上で、家庭養育が困難又は適当でない場合は、養育環境と同様の養育環境である里親等への委託を進める家庭養育優先の原則を示し、これらが適当でない場合に、できる限り良好な家庭的環境で養育されるよう必要な措置を講ずるとし、代替養育に関する里親優先の原則と、施設の小規模かつ地域分散化に向けた方向性を明確に示した。

本法の全体構成は、第1章の総則では、上述した原理規定のほかに、児童、障害児、妊産婦、保護者、各種事業、里親、児童福祉施等を定義し、その他に児童福祉審議会や市町村、都道府県、児童相談所等といった子ども家庭福祉の実施機関等や児童福祉司、児童委員、保育士等といった専門職等について規定している。第2章の福祉の保障では、障害児等の療育の指導等、居宅生活の支援、子育て支援事業、要保護児童の保護と措置、等を規定している。第3章の事業、養育里親及び養子縁組里親並びに施設では、各種事業の実施

等、各種児童福祉施設の設置目的、基準の制定、児童福祉施設長の義務・親権等を規定している。本章では、2019（令和元）年6月児童福祉法改正により、親権者や児童福祉施設の長、里親等は、児童のしつけ（懲戒）の際に、「体罰を加えることはできない」（第47条第3項）という文言が加えられた。第4章の費用では、各種児童福祉行政を実施するために必要な費用の支弁義務を定め、国、都道府県、市町村の負担割合及び利用者からの徴収等について規定している。第5章は、国民健康保険団体連合会の児童福祉法関係業務について、第6章は、審査請求について、第7章の雑則では、無認可児童福祉施設に対する立入調査、認可外保育施設設置の届け出などについて規定している。第8章の罰則では、禁止行為違反の罰則、守秘義務違反の罰則、立入調査の妨害等に対する罰則などを規定している。

2）児童扶養手当法（1961年制定）

本法は、父または母と生計を同じくしていない児童について手当を支給し、その家庭の生活の安定を図ることにより、児童の福祉の増進に寄与することを目的としている。児童扶養手当の支給要件、手当額、認定、支給制限等について規定している。

支給要件は、父母が婚姻を解消した児童、父または母が死亡した児童、父または母が障害の状態にある児童、父または母の生死が明らかでない児童、父または母が裁判所からのDV保護命令を受けた児童、父または母が1年以上拘禁されている児童、母が婚姻によらないで懐胎した児童等を監護あるいは養育している母または父等に対して支給される。ただし、婚姻を解消していても離婚した父または母と生計を同じくしているときや、児童または申請者が国内に住所がないとき、児童が児童福祉施設や里親に委託措置されているときなどは支給されない。2014（平成26）年12月改正で、これまで公的年金（遺族年金、障害年金、老齢年金、労災年金、遺族補償など）の受給者は対象外であったが、年金額が児童扶養手当額より低い場合は、その差額分の児童扶養手当を受給できるようになった。本法の「児童」とは、18歳に達する日以後最初の3月31日までの間にある者または20歳未満であり、政令で定める程度の障害の状態にある者をいう。児童扶養手当を受給するには、居住地の市

区町村への申請を必要とする。

　手当額は、受給者の所得により制限が設けられている。2019（平成31）年4月より児童1人の場合は最大4万2910円であり、児童が2人の場合は最大1万140円を、3人以上の場合は1人あたり最大6080円を加算することとしている。なお、手当額の改定に自動物価スライド制が導入されている。支給回数は年3回であったが、2019年11月より、ひとり親の利便性を図るために年6回（2ヵ月分ずつ）支給されることとなった。

3）特別児童扶養手当等の支給に関する法律（1964年制定）

　本法は、精神または身体に障害を有する児童について特別児童扶養手当を支給し、精神または身体に重度の障害を有する児童に障害児福祉手当を支給するとともに、精神または身体に著しい重度の障害を有する者に特別障害者手当を支給することにより、これらの者の福祉の増進を図ることを目的とする。特別児童扶養手当、障害児福祉手当、特別障害者手当について、支給要件、手当額、認定、支給制限等について規定している。なお、本法における「障害児」の年齢は20歳未満の者をいう。重度障害児とは、障害児のうち、政令で定める程度の重度の障害の状態にあるため、日常生活において常時介護を必要とする者をいう。特別障害者とは、20歳以上であって、政令で定める程度の著しく重度の障害の状態にあるため、日常生活において常時特別の介護を必要とする者をいう。

　本法は、1964（昭和39）年、重度知的障害児について支給する制度として成立し、その後1969（昭和44）年、重度の身体障害児（外部障害に限る）へと支給対象を広げ、1972（昭和47）年、内臓疾患等の内部障害（心臓機能障害、結核性疾患、腎臓疾患、血液疾患等）を重度身体障害に含め、精神病等（統合失調症、てんかん、躁うつ病等）の精神障害と身体障害の併合障害を含めて支給対象とした。1975（昭和50）年には、中程度の障害児も支給対象とした。それぞれの手当額は、受給者もしくはその配偶者または扶養義務者の所得により制限がある。特別児童扶養手当は、当該障害児を家庭で監護、養育している父母等に支給され、その手当額は、2019年4月より1級（重度）に該当する障害児1人につき月額5万2200円、2級（中度）に該当する障害児1人につき3万4770円

である。なお、児童扶養手当等と同様、自動物価スライド制が導入されている。障害児福祉手当は、当該障害児に支給され、その支給額は、月額1万4790円である。これら2つの手当は、支給対象者が異なるため併給が可能であるが、支給対処児童が施設に入所した場合等は、受給できなくなる。特別障害者手当は当該障害者に支給され、その手当額は、月額2万7200円である。受給するには、居住地の市区町村への申請を必要とする。

4）母子及び父子並びに寡婦福祉法（1964年制定）

　一般的に、経済的、社会的、精神的に不安定な状況に置かれがちなひとり親家庭において、その児童の健全な育成を図るためには、児童への保護等だけではなく、母親および父親自身が、健康で文化的な生活を営みつつ、養育責任を遂行できるように必要な援助がなされなければならない。本法の目的は、母子家庭等（母子家庭、父子家庭）および寡婦の福祉に関する原理を明らかにするとともに、母子家庭等および寡婦に対し、その生活の安定と向上のために必要な措置を行い、その福祉を図ることである。本法における「児童」とは、20歳未満の者をいう。

　本法成立の経緯は、1959（昭和34）年、国民年金法の制定により、死別母子家庭に対しては母子年金、母子福祉年金が支給されることとなり、生別母子家庭に対しては、1961（昭和36）年児童扶養手当が支給されることになったが、母子家庭の福祉を総合的に推進するための基本法が必要であるとして、1964年に母子福祉法が制定された。その後、母子家庭の母であった寡婦も対象として、母子及び寡婦福祉法と名称等を改正（1981〔昭和56〕年）し、これにより寡婦についても母子家庭に準じた福祉の措置が講じられることとなった。さらに、2014年、父子家庭への福祉の措置に関する条文を創設するなど、父子家庭の支援を拡大して、名称を「母子及び父子並びに寡婦福祉法」と改称した。

　本法には、母子家庭等の児童の親が扶養義務の履行に努めること等が明記されているほか、母子・父子自立支援員の相談等による自立促進、母子福祉資金の貸付、父子福祉資金の貸付、寡婦福祉資金の貸付、売店等の設置の許可、製造たばこ小売販売業の許可、特定教育・保育所への入所に関する特別

の配慮、公営住宅の供給に関する特別の配慮等といった母子家庭等および寡婦に対する福祉の措置等について規定している。また、母子・父子福祉センターや母子・父子休養ホームといった母子・父子福祉施設の利用についての規定がある。

5) 母子保健法 （1965 年制定）

本法は、児童福祉法に規定されていた母子に関わる条文を廃止し、新たな条文を設けて、単独法として成立した。その目的は、母性と乳児および幼児の健康の保持と増進を図るため、母子保健に関する原理を明らかにし、母性と乳児および幼児に対する保健指導、健康診査、医療その他の措置を講じて国民保健の向上に寄与することである。母性は児童の健やかな誕生と育ちの基盤であるとし、尊重され保護されなければならないことを明示している。母子保健の向上に関する措置として、妊産婦等に対する保健指導、新生児 (出生後 28 日を経過していない乳児) の訪問指導、健康診査 (1 歳 6 カ月健康診査、3 歳児健康診査) の義務、そして、妊娠の届出、母子健康手帳の交付、妊産婦の訪問指導、低体重児 (2500g 未満の乳児) の届出、未熟児 (身体の発育が未熟のまま出生した乳児で、正常児が出生時に有する諸機能を得るに至るまでのもの) の訪問指導、未熟児の養育医療の給付等について規定している。なお、2016 年の母子保健法改正により、妊娠期から子育て期にわたる切れ目のない支援を行う「母子健康包括支援センター」 (通称、子育て世代包括支援センター) の設置を市町村の努力義務として位置づけた。

6) 児童手当法 （1971 年制定）

本法は、社会保障制度の整備の一環として制定された。その目的は、子ども・子育て支援の適切な実施 (子ども・子育て支援法第 7 条第 1 項に規定) を図るため、父母その他の保護者が子育てについての第一義的責任を有するという基本的認識のもとに、児童を養育している者に児童手当を支給することにより、家庭等における生活の安定に寄与するとともに、次代の社会を担う児童の健全な育成と資質の向上に資することである。本法では、児童手当の支給要件、児童手当の額、認定等について規定している。

制定当初の支給額は、義務教育終了後の第 3 子以降を対象とし、月額 3000

円であった。2007年度から3歳未満の乳幼児の支給額を一律月額1万円としていたが、2010年「子ども手当の支給に関する法律」が制定され、所得制限を設けず、15歳になった最初の年度末まで子ども1人あたり月額1万3000円の支給となった。しかし政権交代を機に、2012年子ども手当は廃止され、法律上の名称も児童手当法に基づく児童手当に戻り、所得制限も復活した。支給対象は、中学校終了までの国内に住所を有する児童である。3歳未満児は一律1万5000円、3歳から小学校修了までは、第1子、第2子は1万円、第3子以降は1万5000円、中学生は一律1万円である。なお、当分の間の特例給付として、所得制限以上は一律5000円である。子どもが児童養護施設等に入所している場合や里親に委託されている場合は、原則として、入所している施設の設置者や里親等に児童手当は支給される。なお、本法の児童手当は、子ども・子育て支援法（第9条）の子どものための現金給付に該当する。

2　子ども家庭福祉に関連する法律

　子ども家庭福祉は、前述した法律のほかにも、社会福祉に関係する法律や教育・保育に関する法律、労働に関する法律など種々の法律により実施されている。ここでは6つの法律を概説する。

1）児童買春、児童ポルノに係る行為等の規制及び処罰並びに児童の保護等に関する法律（1999年制定）

　本法（通称、児童買春・児童ポルノ禁止法）は、児童買春、児童ポルノに関わる行為等を規制し、これらの行為等を処罰するとともに、これらの行為等により心身に有害な影響を受けた児童の保護のための措置等を定め、児童の権利を擁護することを目的とする。児童とは18歳未満の者をいい、児童買春、自己の性的好奇心を満たす目的による児童ポルノの所持その他児童に対する性的搾取および性的虐待に係る行為を禁止し、児童買春・周旋（斡旋）・勧誘、および児童ポルノ所持、提供等をした者に対して、懲役または罰金を科している。

2）児童虐待の防止等に関する法律（2000年制定）

　本法（通称、児童虐待防止法）は、児童に対する虐待の禁止、児童虐待の予防

および早期発見その他の児童虐待の防止に関する国および地方公共団体の責務、児童虐待を受けた児童の保護と自立支援のための措置等を定めることにより、児童虐待の防止等に関する施策を推進することを目的とする。本法により児童虐待は、身体的虐待、心理的虐待、性的虐待、ネグレクトといった4つのタイプに分類され定義された。なお、保護者以外の同居人による身体的・性的・心理的虐待と同様の行為を保護者が放置することはネグレクトであり、子どもの前で親が配偶者に暴力を振るう面前 DV は心理的虐待である。附則の検討事項に従い、2004（平成16）年、2007（平成19）年と改正され、児童の安全確認等のための立ち入り調査等の強化、保護者に対する面会・通信等の制限の強化、児童虐待を行った保護者が指導に従わない場合の措置の明確化など家庭への介入性の強化、児童虐待の防止・予防、対応等について強化されたが、一貫して児童虐待の増加が続いていることから、2016 年、2017（平成29）年、2019 年と改正が続いている。2016 年改正では、親権者は児童のしつけの際に、監護及び教育に必要な範囲を超えて児童を懲戒してはならないと明記された（第14条）が、「しつけのためだった」という加害者の供述や家族の転居後の情報共有の不十分さが虐待死につながった事例等が後を絶たないことから、2019 年改正では、親権者や里親等は、児童のしつけに際して、体罰を加えてならないことが明記され（第14条）、転居しても切れ目のない支援をするため、転居先の児童相談所や関係機関と速やかに情報共有することが明記された（第4条第6項）。

3）配偶者からの暴力の防止及び被害者の保護等に関する法律（2001 年制定）

　配偶者からの暴力は、犯罪となる行為をも含む人権侵害である。本法（通称、DV 防止法）は、配偶者（婚姻の届け出をしていないが事実上婚姻関係と同様の事情にあるものを含む）からの暴力に係る通報、相談、保護、自立支援等の体制を整備することにより、配偶者からの暴力の防止および被害者の保護を図ることを目的とする。DV の定義、国・地方公共団体の責務、配偶者暴力相談支援センター、被害者の保護、保護命令、罰則等に関する事項を定めている。なお、2019 年改正により、被害者保護のための関係機関の連携協力において、

関係機関の1つとして福祉事務所と児童相談所が明示された（第9条）。

4）発達障害者支援法（2004 年制定）

発達障害者の自立と社会参加に資するように、生活全般にわたる支援をし、すべての国民が障害の有無により分け隔てられることなく、相互に人格と個性を尊重する共生社会の実現に資することを目的とする。本法において発達障害は、「自閉症、アスペルガー症候群その他の広汎性発達障害、学習障害、注意欠陥多動性障害その他これに類する脳機能の障害であってその症状が通常低年齢において発現するものとして政令で定めるものをいう」「発達障害児とは、発達障害者のうち 18 歳未満のものをいう」と定義された。国と地方自治体の責務、国民の義務、児童の発達障害の早期発見、早期の発達支援、就労支援、発達障害者支援センター等について規定している。なお、発達障害児は、2012（平成 24）年度から、精神に障害のある児童（児童福祉法第 4 条第2 項）として、障害児童福祉サービスの対象となった。

5）就学前の子どもに関する教育、保育等の総合的な提供の推進に関する法律（2006 年制定）

本法（通称、認定こども園法）は、幼児期の教育および保育が生涯にわたる人格形成の基礎を培う重要なものであること、少子化の急速な進行、家庭および地域を取り巻く環境の変化にともない就学前の教育・保育に対する需要が多様なものとなっていることから、小学校就学前の子どもに対する教育および保育ならびに子育て支援の総合的な提供を推進するための措置を講じ、地域で子どもが健やかに育成される環境整備に資することを目的とする。認定こども園の定義、就学前の子どもに幼児教育・保育を提供する機能と、地域における子育て支援を行う機能を備える幼保一体化施設のうち、幼保連携型認定こども園以外の認定こども園の認定手続き等や、幼保連携型認定こども園における教育と保育の目標や内容等、職員の資格について規定している。

6）子ども・子育て支援法（2012 年制定）

子ども・子育て支援給付やその他の子どもおよび子どもを養育している者に必要な支援を行い、一人ひとりの子どもが健やかに成長することができる社会の実現に寄与することを目的とする。子ども・子育て支援給付の種類、

子どものための教育・保育給付、支給認定等、施設型給付費と地域型保育給付費等の支給、地域子育て支援事業等について規定している。

第2節　子ども家庭福祉の実施機関

1　国および地方公共団体

　福祉に関する国の行政機関の中心は厚生労働省であり、子ども家庭福祉行政の部局は、子ども家庭局である。部局内には、総務課、保育課、家庭福祉課、子育て支援課、母子保健課の5課が置かれており、児童の保育や養護、保護および虐待防止に関すること、児童の福祉に関する基本的な政策の企画や立案、推進等をしている。なお、障害児童福祉については、社会・援護局障害保健福祉部障害福祉課が所管し、子ども・子育て支援のための基本的な政策や、少子化の進展に係る企画立案、子ども・子育て支援法に基づく事務などは、内閣府子ども・子育て本部が所管している。

　都道府県においては、知事の事務部局として健康福祉部、民生部、生活福祉部等の社会福祉関係の部局を置き、これらの中に、児童家庭課、障害福祉課等を設けている。市町村相互の連絡調整、市町村への情報の提供等の援助とこれらに必要な業務の実施や、児童と妊産婦の福祉に関する業務等を行っている。

2　児童福祉審議会

　都道府県、指定都市、中核市は、児童福祉に関する事項を調査審議する児童福祉審議会を設置しなければならない。ただし、地方社会福祉審議会に児童福祉に関する事項を調査審議させる都道府県・指定都市・中核市は、この限りではない。市町村においては、その設置は任意設置である。これら審議会は、各機関の長（知事、市町村長）の管理に属しており、それぞれの諮問に答え、関係行政機関に意見を具申することができる等の権限がある。このような仕組みは、専門家や有識者の意見や知見を子ども家庭福祉行政に反映させるためである。その他にも、児童と知的障害者の福祉を図るために、芸能、

54

出版物、玩具、遊戯等を推薦したり、それらの製作者、興業者、販売者等に対して、必要な勧告をすることができる。なお、国レベルでは、厚生労働大臣の諮問に応じて社会保障に関する重要事項を調査審議する機関として、社会保障審議会がある。社会保障審議会には、統計分科会、医療分科会、福祉文化分科会、介護給付費分科会、児童部会、年金資金運用分科会が置かれ、子ども家庭福祉に関しては、福祉文化分科会と児童部会が担当する。

3　児童相談所 (通称、子ども家庭相談センター)

　児童相談所は、市町村と役割分担・連携を図りながら、子どもに関する家庭等からの相談に応じ、子ども自身の課題、子どもの真のニーズ、子どもの置かれた環境の状況等を的確に把握して、それぞれの子どもや家庭に援助を行うことにより、子どもの福祉を図り、その権利擁護を目的とする子ども家庭福祉の中核的な行政機関である。児童福祉法第 12 条、第 59 条の 4 の規定により各都道府県、政令指定都市は義務設置であり、児童相談所設置市 (中核市程度の 30 万人以上を有する市を政令で指定する市)、特別区は設置することができる。全国に 215 カ所設置 (2019 年 4 月 1 日現在) されている。対象児童は、18 歳未満の者 (例外規定もある) である。相談内容は、虐待を含む養護相談、保健相談、障害相談、非行相談、育成相談等である。また、児童相談所は、必要に応じ、児童を一時保護する施設 (一時保護施設) を設置しており、全国に 139 カ所設置 (2019 年 4 月 1 日現在) されている。子ども全般に関わる相談等を受け、調査、判定、援助等を行う。職員は、所長、児童福祉司 (ソーシャルワーカー)、児童心理司、相談員、医師 (精神科医、小児科医)、保健師、弁護士、児童指導員、保育士等であり、多くの専門職員が、地域の実情や各児童相談所の規模等に応じて配置されている。2017 年度の児童相談所における受付相談件数は 46 万 6880 件である。相談の種類別にみると、養護相談 19 万 5786 件 (41.9 %) と最も多く、障害相談 18 万 5032 件 (39.6 %)、育成相談 4 万 3446 件 (9.3 %)、非行相談 1 万 4110 件 (3.0 %)、保健相談 1842 件 (0.4 %)、その他 2 万 6664 件 (5.7 %) である。養護相談の構成割合は年々上昇しているが、その増加を引き上げているのは、児童虐待相談である。

4 市 町 村

　従来、児童相談所により対応されてきた子ども家庭福祉相談が、児童福祉法改正（2004 年）により第 10 条に市町村の業務として規定された。住民にとって非常に身近な行政機関である市町村に、虐待の未然防止・早期発見を中心とした取り組みを求めてのことである。その業務は、児童および妊産婦の福祉に関し、必要な実情の把握や情報の提供を行うこと、家庭等からの相談に応じること、調査や指導、支援を行うこと、関係機関との連絡調整等を行うこと等（児童福祉法第 10 条の 2）である。厚生労働省から「市町村子ども家庭支援指針（旧、市町村児童家庭相談援助指針）」と「要保護児童対策地域協議会設置運営指針」が発出されている。児童相談所が虐待相談を受けて対応した事例の多くは在宅支援となり、その後に虐待が重篤化する事例が少なくないことから、子どもや保護者に身近な場で寄り添い、継続して支援し、虐待発

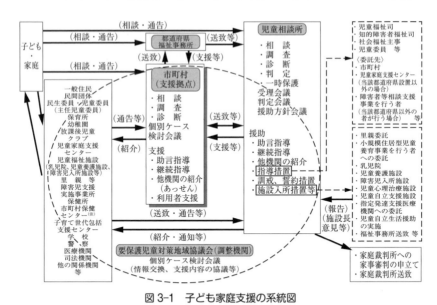

図 3-1　子ども家庭支援の系統図

注：市町村保健センターについては、市町村の子ども家庭相談の窓口として、一般住民等からの通告等を受け、支援事業を実施する場合も想定される。

出典：厚生労働省雇用均等・児童家庭局長通知「市町村子ども家庭支援指針」（ガイドライン）116 ページ。

生を防止することが重要であることから、2016年児童福祉法改正により、市町村を中心とした在宅支援を強化することとし、その一環として児童相談所長による指導措置について、市町村に委託して指導させることができるとした。なお、2017年度の全国市町村における児童虐待相談対応件数は10万6615件である。

5　福祉事務所／家庭児童相談室

　福祉事務所は、社会福祉法第14条により都道府県と市（特別区を含む）に置かれる。町村は任意設置である。その管轄する地域の住民の福祉を総合的に担う社会福祉行政の第一線機関として、福祉六法（生活保護法、母子及び父子並びに寡婦福祉法、老人福祉法、身体障害者福祉法、知的障害者福祉法、児童福祉法）に定める援護、育成または更生の措置に関する事務を行う。

　全国で1247カ所（2017年4月1日現在）に設置されている。その内訳は都道府県の設置207カ所、市（特別区を含む）の設置997カ所、町村の設置43カ所である。なお、都道府県が設置する福祉事務所は、生活保護法や児童福祉法、母子及び父子並びに寡婦福祉法に関する事務を扱い、市区町村の福祉事務所は、福祉六法に関する事務を扱う。主な職員配置は、福祉事務所長、指導監査を行う所員（現業事務の指導監督を司る所員）、現業を行う所員（要援護者の家庭訪問、面接、資産・環境等の調査、措置の必要性の有無とその種類の判断、生活指導等を行う等を司る所員）、事務を行う所員である。この他に、老人福祉の業務に従事する社会福祉主事、身体障害者福祉司、知的障害者福祉司等が配置されている福祉事務所もある。

　家庭児童相談室は、厚生事務次官通知「家庭児童相談室の設置運営について」（1964年4月22日、厚生省発児第92号）に基づき、福祉事務所の家庭児童福祉に関する相談や指導業務を充実強化することを目的として設置される。地域に密着した相談・援助機関として地域住民にとって、家庭や子どものこと等について気軽に相談できる機関である。職員配置は、社会福祉主事、家庭相談員であり、児童（18歳未満）の問題行動、発達、不登校、障害等、あらゆる相談を受け付けている。児童虐待においては、在宅での支援が可能なケー

スや虐待の生じる危険度の高い家庭（虐待予備軍）に対して、相談指導や家族関係の調整を行う、あるいは、他の部署との連携を通して、生活保護等の経済扶助や保育所、母子生活支援施設といった施設利用につなげるなど、生活に関わる支援を行う。

6　保健所／市町村保健センター

保健所は、地域における公衆衛生の向上および増進や地域住民の健康の保持および増進を図るために必要な活動を行うことを目的とした行政機関である。地域保健法第5条に基づき、都道府県、政令指定都市、中核市その他の政令で定める市または特別区に義務設置される。全国に本所472カ所、支所120カ所設置（2019年4月1日現在）されている。保健所には、医師、歯科医師、薬剤師、獣医師、保健師、助産師、診療放射線技師、臨床検査技師、管理栄養士等の業務上必要とされる職員が配置されている。児童福祉法における保健所の業務は、児童の保健・予防に関する知識の普及、児童の健康相談・健康診査・保健指導、身体に障害のある児童および疾病により長期にわたる療養を必要とする児童に対する療育指導、児童福祉施設に対する栄養の改善その他衛生に関する助言である。また、市町村保健センターの指導・技術支援の役割を担う。

市町村保健センターは、住民に対する健康相談、保健指導、健康診査その他地域保健に関し必要な事業を行うことを目的として設置される。地域保健法第18条に基づき、市町村は設置することができ、具体的な業務は住民のニーズに合わせて設定できる。例えば、乳幼児健康診査、療育教室の開催、妊産婦健康診査、母親学級、両親学級、栄養教室の開催である。

7　児童委員／主任児童委員

児童委員は、児童福祉法第16条に基づき、厚生労働大臣の委嘱を受け市町村の区域に置かれている民間奉仕者である。民生委員法に基づく民生委員が、児童福祉法（第16条）に定める児童委員を兼ねることとされている。主な職務（第17条）は、担当区域内の児童・妊産婦の状況把握、児童・妊産婦に関

わる保護や保健等の情報提供や援助・指導、児童相談所や福祉事務所等の業務遂行への協力等である。主任児童委員は、1994（平成 6）年から設置され、2005（平成 17）年に児童福祉法に位置づけられた。主任児童委員は、児童委員の中から選任され（第 16 条）、主に子どもの福祉に関する事項を専門的に担当し、児童福祉関係機関と区域を担当する児童委員との連携・調整や、区域を担当する児童委員に対する援助・協力等を行う（第 17 条）。なお、児童委員・主任児童委員の任期は 3 年である。全国に、地区担当の民生委員・児童委員は 23 万 8416 人、主任児童委員は 2 万 1899 人（2018〔平成 30〕年 3 月 31 日現在）いる。

第 3 節　子ども家庭福祉の施設及び里親制度

1　児童福祉施設の種類と目的

　児童福祉法および省令等により規定された児童福祉施設は、その活用方法により、入所型施設、通所型施設、利用型施設、入所と通所機能を有する施設に分類できる。また、人権擁護の公的責任と監督強化の観点より、社会福祉法上で第 1 種社会福祉事業と第 2 種社会福祉事業に分類される。ここでは、児童福祉法第 7 条に位置づけられる 12 種の児童福祉施設について、目的、対象者等を概説する。なお、括弧内は、根拠法、設置数・定員・現員数（2017年 10 月 1 日現在）、社会福祉法上の位置づけ（第 1 種・第 2 種）、活用方法である。

1）助産施設（児童福祉法第 36 条／387 カ所／第 2 種／入所）

　保健上必要があるにもかかわらず、経済的理由により、入院して助産を受けることができない妊産婦を入所させて、助産を受けさせることを目的とする施設である。医療法の病院である第 1 種助産施設と医療法の助産所（助産院）である第 2 種助産施設がある。

2）乳児院（児童福祉法第 37 条／138 カ所／定員 3934 人／現員数 2851 人／第 1 種／入所）

　乳児（保健上、安定した生活環境の確保その他の理由により特に必要のある場合には、幼児を含む）を入院させて、これを養育し、あわせて退院した者について相談

その他の援助を行うことを目的とする施設である。乳幼児の基本的な養育機能に加え、被虐待児・病児・障害児等に対応できる専門的養育機能を有する。職員は、医師または嘱託医、看護師、個別対応職員、家庭支援専門相談員、栄養士および調理員を置かなければならない。看護師は、保育士または児童指導員に代えることができるが、乳児10人以上の場合は2人以上、10人を超える場合は10人増すごとに1人以上の看護師を置かなければならない。心理療法担当職員は、心理療法を行う必要があると認められる乳幼児、または、その保護者10人以上に心理療法を行う場合には、置かなければならない。

3) 母子生活支援施設（児童福祉法第38条／227カ所／定員4938世帯／世帯数3789世帯、現員数8100人／第1種／入所）

配偶者のない女子またはこれに準ずる事情にある女子およびその者の監護すべき児童を入所させて、これらの者を保護するとともに、これらの者の自立の促進のためにその生活を支援し、あわせて退所した者について相談その他の援助を行うことを目的とする施設である。母子世帯であれば離婚未成立で別居状態にある場合にも対象となり、必要な場合には子どもが満20歳になるまで利用を延長することができる。職員は、母子支援員、嘱託医、少年を指導する職員および調理員またはこれに代わるべき者を置かなければならない。心理療法を行う必要があると認められる母子10人以上に心理療法を行う場合には、心理療法担当職員を置かなければならない。なお母子支援員の資格要件の1つに保育士資格がある。「配偶者からの暴力の防止および被害者の保護等に関する法律」において、DV（ドメスティック・バイオレンス）被害者の一時保護施設として位置づけられる。近年、DV被害者が入所者の5割以上を占める。

4) 保育所（児童福祉法第39条／2万2926カ所／定員221万5019人／現員数201万4307人／第2種／通所）

保育を必要とする乳児または幼児を日々保護者のもとから通わせて保育することを目的とする施設である。保育士、嘱託医、調理員を置かなければならない。ただし、調理業務の全部を委託する施設は置かなくてもよい。

5) 幼保連携型認定こども園 (児童福祉法第39条の2／3620カ所／定員3万6216人／現員数36万5222人／第2種／通所)

満3歳以上の幼児に対する教育と保育を必要とする乳児・幼児に対する保育を一体的に行い、これら乳児と幼児の健やかな成長が図られるよう適当な環境を与えて、その心身の発達を助長することを目的とする施設である。園長と保育教諭（幼稚園教諭の普通免許状と保育士資格を有する者）を置かなければならない。

6) 児童厚生施設 (児童福祉法第40条／児童館4541カ所・児童遊園2380カ所／第2種／利用)

児童に健全な遊びを与えて、その健康を増進し、または情操を豊かにすることを目的とする施設である。屋内型児童厚生施設を「児童館」といい、屋外型児童厚生施設を「児童遊園」という。保育士や幼稚園・小学校・中学校などの教諭の免許状を有する者などによる児童の遊びを指導する者を置かなければならない。「児童館」は、その規模等により小型児童館、児童センター、大型児童館、その他の児童館に分類される。

7) 児童養護施設 (児童福祉法第41条／608カ所／定員3万2387人／現員数2万5636人／第1種／入所)

保護者のない児童（乳児を除く。ただし、安定した生活環境の確保その他の理由により特に必要のある場合には、乳児を含む）、虐待されている児童その他環境上養護を要する児童を入所させて、これを養護し、あわせて退所した者に対する相談その他の自立のための援助を行うことを目的とする施設である。職員は、児童指導員、保育士、個別対応職員、家庭支援専門相談員、嘱託医、栄養士および調理員ならびに乳児が入所している施設は看護師を置かなければならない。心理療法を行う必要があると認められる児童10人以上に心理療法を行う場合には、心理療法担当職員を置かなければならない。虐待を受けた子どもは59. 5％、なんらかの障害をもった子どもが28.5％（2013〔平成25〕年2月1日現在）であり、専門的なケアを必要とする。またできる限り家庭的な環境で安定した人間関係のもとでの生活を保障するために、ケア単位の小規模化や地域化を推進している。

8）障害児入所施設

①福祉型障害児入所施設（児童福祉法第42条1項1号／263カ所／定員9801人／現員数6774人／第1種／入所）　障害児を入所させて、保護、日常生活の指導および独立自立に必要な知識技能を付与することを目的とする。知的障害のある児童を入所させる施設、盲児を入所させる施設、ろうあ児を入所させる施設、自閉症を主たる症状とするが病院に入院する必要のない自閉症児を入所させる施設、日常的に医療的看護と治療を必要としない肢体不自由のある児童を入所させる施設があり、それぞれの障害の特性に応じた専門的な支援を提供する。児童が日常の起居の間に、施設退所後に、できる限り社会に適応するように生活指導等がなされる。

②医療型障害児入所施設（児童福祉法第42条1項2号／212カ所／定員2万139人／現員数7432人／第1種／入所）　障害児を入所させて、保護、日常生活の指導、独立自活に必要な知識技能の付与および治療することを目的とする。医療を含む特別な療育を必要とする自閉症児を入所させる施設、日常的に医療的看護と治療を必要とする肢体不自由のある児童を入所させる施設、重症心身障害児を入所させる施設があり、医療法に規定する病院として必要な設備のほか、訓練室等を設けることになっている。なお、重症心身障害児とは、知的障害の程度が最重度・重度であって、かつ、身体障害者手帳の程度が1〜2級に該当する肢体不自由を重複して有している者とされる。

9）児童発達支援センター

①福祉型児童発達支援センター（児童福祉法第43条1項1号／528カ所／定員1万6759人／第2種／通所）　障害児を日々保護者のもとから通わせて、日常生活における基本的動作の指導、独立自活に必要な知識技能の付与、集団生活への適応のための訓練を行うことを目的とする。指導訓練室、遊戯室、屋外遊戯室、医務室、便所ならびに児童発達に必要な設備および備品を設けている（重症心身障害児を通わせる福祉型児童発達支援センターは除く）。

②医療型児童発達支援センター（児童福祉法第43条1項2号／99カ所／定員3277人／第2種／通所）　障害児を日々保護者のもとから通わせて、日常生活における基本的動作の指導、独立自活に必要な知識技能の付与または集団

生活への適応のための訓練および治療を行うことを目的とする。医療法に規定する診療所としての必要な設備のほか、指導訓練室、屋外訓練場、相談室および調理室を設けることになっている。また、職員は、医療法に規定する診療所として必要な職員のほか、児童指導員、保育士、看護師、理学療法士等を配置しなければならない。

10）児童心理治療施設（児童福祉法第43条の2／44カ所／定員1964人／現員数1374人／第1種／入所と通所）

　家庭環境、学校での交友関係等の環境上の理由により社会生活への適応が困難となった児童を、短期間入所させ、または保護者のもとから通わせて、社会生活に適応するために必要となる心理的治療および生活指導を主として行い、あわせて退所した者について相談その他の援助を行うことを目的とする施設である。施設内の分教室や分校、近隣の学校との緊密な連携を図りながら、総合的な治療・支援を行う。職員は、医師（精神科または小児科の診療に相当の経験を有する）、心理療法担当職員、児童指導員、保育士、看護師、個別対応職員、家庭支援専門相談員、栄養士および調理員である。

11）児童自立支援施設（児童福祉法第44条／58カ所／定員3719人／現員数1264人／第1種／入所と通所）

　不良行為をなし、又はなすおそれのある児童および家庭環境その他の環境上の理由により生活指導等を要する児童を入所させ、または保護者のもとから通わせて、個々の児童の状況に応じて必要な指導を行い、その自立を支援し、あわせて退所した者について相談その他の援助を行うことを目的とする施設である。学科指導を行う場合、その設備は、小学校・中学校または特別支援学校の設備の設置基準に関する学校教育法の規定を準用する。職員は、児童自立支援専門員、児童生活支援員、嘱託医および精神科の診療に相当の経験を有する医師または嘱託医、個別対応職員、家庭支援専門相談員、栄養士と調理員である。心理療法を行う必要があると認められる児童10人以上に心理療法を行う場合には、心理療法担当職員を置かなければならない。少年法に基づく家庭裁判所の保護処分等により入所する場合もある。

12）児童家庭支援センター（児童福祉法第44条の2／114カ所／第2種）

　地域の児童の福祉に関する各般の問題につき、児童、家庭からの相談に応じ、必要な助言を行うとともに、市町村の求めに応じ、技術的な助言・援助を行うほか、あわせて児童相談所、児童福祉施設等との連絡調整等の援助を総合的に行うことを目的とする施設である。多くは児童養護施設、乳児院等に附設されているが、単独設置も可能である。なお、「児童家庭支援センター実施要項」の改正（2011〔平成23〕年4月）により、里親やファミリーホームの支援を行うことになった。

2　里親制度

1）里親認定（登録）と里親等の種類

　里親制度が法的に位置づけられたのは、1947（昭和22）年児童福祉法においてであり、社会的養護の場として、児童福祉施設の規定と並んで1つの条文の中に位置づけられた。長く社会的養護は施設中心に展開してきたが、児童虐待の急増や子どもの権利条約批准後に実施された子どもの権利委員会によるわが国の子どもの権利保障の現状等調査による勧告等を受けて、ようやく児童福祉法改正（2016年）により、代替養育は里親養育優先が原則となった。この実現に向けて、厚生労働大臣が開催した有識者による検討会（新たな社会的養育の在り方に関する検討会）で「新しい社会的養育ビジョン」（2017年）が取りまとめられ、乳幼児の家庭養育原則の徹底と里親委託率とその達成年限を明確にした取り組み目標が示された。2017年度末時点の登録里親数は1万1730世帯、委託児童数（ファミリーホーム委託数を含む）は6858人である。

　里親制度は、社会的養護を必要とする子ども（要保護児童）のための制度であるゆえに、里親になるには、児童福祉法施行規則第1条の35に規定する里親登録（認定）要件を満たす必要がある。

　図3-2に見るように、里親になるには基本的な要件を前提とし、里親の種類は4種類（養育里親、専門里親、養子縁組里親、親族里親）あるが、それぞれに応じた研修を受講し、その種類に応じた要件を満たしていること、児童相談所に対して里親登録申請が提出された里親について、児童相談所による家庭

【基本的な要件】

①要保護児童の養育についての理解及び熱意並びに児童に対する豊かな愛情を有していること。

②経済的に困窮していないこと（親族里親は除く。）。

③里親本人又はその同居人が次の欠格事由に該当していないこと。

　ア　成年被後見人又は被保佐人（同居人にあっては除く。）

　イ　禁錮以上の刑に処せられ、その執行を終わり、又は執行を受けることがなくなるまでの者

　ウ　児童福祉法等、福祉関係法律の規定により罰金の刑に処され、その執行を終わり、又は執行を受けることがなくなるまでの者

　エ　児童虐待又は被措置児童等虐待を行った者その他児童の福祉に関し著しく不適当な行為をした者

＋

養育里親	専門里親	養子縁組里親	親族里親
・養育里親研修を修了していること。 ※年齢に一律の上限は設けない。養育可能な年齢であるかどうかを判断。	・専門里親研修を修了していること。 ・次の要件のいずれかに該当すること。 　ア　養育里親として3年以上の委託児童の養育の経験を有すること。 　イ　3年以上児童福祉事業に従事した者であって、都道府県知事が適当と認めたものであること。 　ウ　都道府県知事がア又はイに該当する者と同等以上の能力を有すると認めた者であること。 ・委託児童の養育に専念できること。 ※年齢に一律の上限は設けない。養育可能な年齢であるかどうかを判断。	・養子縁組里親研修を修了していること。 ※一定の年齢に達していることや、夫婦共働きであること、特定の疾病に罹患した経験があることだけをもって排除しない。子どもの成長の過程に応じて必要な気力、体力、経済力等が求められることなど、里親希望者と先の見通しを具体的に話し合いながら検討。	・要保護児童の扶養義務者及びその配偶者である親族であること。 ・要保護児童の両親等が死亡、行方不明、拘禁、疾病による入院等の状態となったことにより、これらの者による養育が期待できない要保護児童の養育を希望する者であること。

都道府県児童福祉審議会の意見聴取

里親名簿への登録　　　　　　　　　親族里親の認定

5年ごとの登録の更新（更新研修の受講）※専門里親は2年ごと

図3-2　里親登録（認定）の要件

出典：厚生労働省子ども家庭局家庭福祉課「社会的養育の推進に向けて」（平成31年4月）42ページ。

訪問・調査と都道府県児童福祉審議会の意見聴取による審査により、児童を委託する者として適当と認められ里親名簿（児童福祉法第34条の19）に登録（児童福祉法第6条の4）された者が、初めて里親となることができる（第6条の4）。

なお、2008（平成20）年に児童福祉法改正により創設された小規模住居型児童養育事業（ファミリーホーム）は、児童福祉法第6条の3第8項に位置づけられる事業である。小規模事業者とは、要保護児童の養育に関し相当の経験を有する者その他の厚生労働省令で定める者の住居において養育を行う事業と定義される。養育者の要件は、養育里親の経験者のほか、乳児院、児童養護施設等での養育経験者である。

2）里親支援体制

里親支援は、2002（平成14）年厚生労働省による「里親支援事業実施要綱」に定められた里親研修事業と里親養育相談事業および「里親の一時的な休息のための援助の実施（レスパイト・ケア）」にはじまる。厚生労働省は、2年後に里親養育援助事業と里親養育相互援助事業の2事業を追加し、2006（平成18）年に「里親委託推進事業実施要綱」を示し、里親制度推進に向けての環境整備に着手した。2008年児童福祉法改正において、里親支援を都道府県、政令指定都市（児童相談所設置市を含む）の業務として、里親への相談・情報提供・助言、研修その他の援助の実施を規定し、「里親支援機関事業の実施について」（厚生労働省）の発出により、里親制度の普及促進や、里親研修の実施、子どもの委託までのマッチングの調整、里親家庭への訪問等による相談支援などの業務を総合的に実施する、里親支援機関事業を創設した。また、2011年に児童家庭支援センターの業務に里親等（ファミリーホームを含む）への支援が加わり、翌年には、乳児院と児童養護施設に、施設の養護に携わらない里親支援に特化した職員（里親支援専門相談員）を配置できることになった。こうした体制のもとに里親支援が実施されていたが、2016年児童福祉法改正により、里親制度の普及啓発から里親の選定および里親と子どもとの間の調整ならびに子どもの養育に関する計画の作成までの一貫した里親支援を行うこと、養子縁組に関する相談に応じ、援助を行うことが都道府県の業務に位置づけられた（第11条第2項）。これを受けて、「新しい社会的養育ビジョン」

（2017 年）では、里親養育を推進するための包括的な里親支援機関（フォスタリング機関）を、2020 年度までにすべての都道府県で整備することとなった。各都道府県においては、里親のリクルートおよびアセスメント、里親登録前後および委託後における里親に対する研修、子どもと里親家庭のマッチング、子どもの里親委託中における里親養育への支援、里親委託措置解除後における支援に至るまでの一連の業務（フォスタリング業務）の包括的な実施体制を構築することとなっている。

第4節　子ども家庭福祉の財政

1　行財政の仕組み

　国が執行する政策や事業は、会計年度（毎年 4 月から翌年の 3 月まで）における歳入（収入）と歳出（支出）の見積もりを予算として国会に提出し、審議・議決を経て執行される。この予算には、一般会計予算と財政法に基づく特別会計予算、政府関係機関（日本政策金融金庫、沖縄振興開発金融金庫など 4 機関）予算があるが、国の予算として一般的に取り上げられるのは一般会計予算である。一般会計予算（2019 年度）の特徴は、歳入では、公債金（国債を発行して借りたお金）がおよそ 1/3 を占めていること、歳出では、国債発行に伴う利子の支払い等の国債費（23.2 ％）と社会保障関係費（33.6 ％）の割合が高いことである。この社会保障関係費の内訳は、年金、医療、介護、少子化対策費、社会福祉費等である。子ども家庭福祉に関する費用は、社会福祉費等を財源とする。社会福祉費等は、生活保護費、社会福祉費、社会保険費、保健衛生対策費および失業保険対策費の 5 つに分類される。社会福祉費は、福祉六法のうち生活保護法を除く 5 法のほか、児童扶養手当、特別児童扶養手当等、国立更生援護機関の経費、老人保健法による医療費等国庫負担分などが含まれる。

　地方公共団体の財政（地方財政）に関しては、歳入は地方税と地方交付税、国庫支出金、地方債等による。その内訳（2017 年度）は、地方税 39.4 ％が最も高く、地方交付税（すべての地方公共団体が一定の水準を維持しうるよう財源を保障する見地から、国が、一定の合理的な基準によって地方公共団体に再配分する）16.5 ％、

国庫支出金（国が使途を特定して地方公共団体に交付する）15.3％と続く。

地方財政の歳出（2017年度）は、民生費 26.5％が最も高く、教育費 17.2％、公債費 11.9％、土木費 12.2％と続く。民生費の内訳は、児童福祉行政に要する費用である児童福祉費（32.8％）が最も大きく、障害者等福祉対策や他の福祉に分類できない総合的な福祉対策に要する経費である社会福祉費 26.5％、老人福祉費 24.2％、生活保護費 15.4％、災害救助費 1.2％である。子ども家庭福祉に関する費用は、民生費の児童福祉費で確保される。

2　国と地方公共団体の費用負担割合

1）児童福祉法による児童入所施設措置費等の負担区分

子ども家庭福祉に関わる公的サービスは、国と地方公共団体の財源により実施され、国と地方自治体の負担割合は決まっている。表3-1にみるように、措置費等に要する費用（支弁）の負担割合は、国が1/2を負担し、残りは、設

表3-1　児童福祉法による児童入所施設措置費等の負担区分

経費の種別	措置等主体の区分	児童等の入所先等の区分	措置費等の負担区分		
			市町村	都道府県	国
母子生活支援施設及び助産施設の措置費等	市及び福祉事務所を管理する町村	市町村立施設及び私立施設	1/4	1/4	1/2
		都道府県立施設	1/2	1/2	
	都道府県、指定都市、中核市	都道府県立施設、市町村立施設及び私立施設		1/2	1/2
その他の施設里親の措置費等	都道府県、指定都市、児童相談所設置市	都道府県立施設、市町村立施設及び私立施設		1/2	1/2
一時保護所の措置費等	都道府県、指定都市、児童相談所設置市	児童相談所（一時保護施設）		1/2	1/2
保育の措置等	市町村（指定都市、中核市含む。）	特定教育・保育施設及び特定地域型保育事業所	1/4	1/4	1/2

出典：厚生労働省通知「児童福祉法による児童入所施設措置費等国庫負担金について」の一部改正について（平成30年2月19日）、第2 国庫負担額等　2 負担額及び負担区分より抜粋。

置主体が都道府県の場合は 1/2 を負担し、設置主体が市町村の場合は、都道府県と市町村が 1/4 ずつ負担する。なお、国立の児童福祉施設は、全額国が負担する（児童福祉法第49条の2〜第56条の5）。また、サービス利用者の負担（児童福祉法第56条の規定）については、都道府県知事の認定する負担能力に応じて（応能負担）、その費用の全部または一部を本人または扶養義務者から徴収することができる。

　なお、新制度に未移行の私立幼稚園、認可外保育施設等、預かり保育等の負担割合は、国が 1/2（子ども・子育て支援法第65条、第68条）を負担し、残りの部分を都道府県 1/4、市町村 1/4 で負担する（子ども・子育て支援法第65条〜第68条）。公立の保育所・幼稚園（施設型給付・公立）は、市町村 10/10 である。そして、子ども・子育て支援法（第59条）に基づき、「地域子ども・子育て支援事業」を市町村は実施するが、その費用負担は国・都道府県・市町村それぞれ 1/3（ただし、妊産婦健康審査、延長保育事業の公立分のみ市町村 10/10）である。

　このように児童福祉施設等は、国と地方自治体から費用を支弁され運営している。なお、児童福祉施設（自立援助ホーム、ファミリーホームを含む）及び一時保護所の措置費等は、事務費と事業費に大別され、事務費は職員の人件費と施設の管理費であり、事業費は施設に措置、または里親に委託されている児童等もしくは、一時保護所に一時保護されている児童等に直接必要な諸経費である。

　そのほかに、児童発達支援センターの費用負担は、国 1/2、都道府県 1/4、市町村 1/4 であり、保護者の負担は応能負担である。

2) 児童手当などの費用負担

　児童手当、児童扶養手当、特別児童扶養手当等は、子育ての経済的支援策である。児童手当は、児童手当法に基づき支給され、支給費用の負担割合は、表3-2 に見るように、国と地方公共団体（都道府県、市区町村）、事業主が負担する。児童扶養手当は、児童扶養手当法に基づき支給され、費用負担は、国が 1/3 であり、都道府県、市、福祉事務所設置町村は 2/3 である。特別児童扶養手当等は、特別児童扶養手当等に関する法律に基づき支給され、特別児童扶養手当、特別障害者手当、障害児福祉手当がある。特別児童扶養手当の

表 3-2　児童手当制度の費用負担

費用負担	財源については、国、地方（都道府県、市区町村）、事業主拠出金*で構成 *事業主拠出金は、標準報酬月額及び標準賞与額を基準として、拠出金率（2.9 /1000）を乗じて得た額で児童手当等に充当されている。							
				被用者		非被用者		公務員
	0～3歳未満	特例給付（所得制限以上）		国 2/3	地方 1/3	国 2/3	地方 1/3	所属庁 10/10
		児童手当	事業主 7/15	国 16/45	地方 8/45			
	3歳～中学校終了まで	特例給付（所得制限以上）		国 2/3	地方 1/3	国 2/3	地方 1/3	所属庁 10/10
		児童手当		国 2/3	地方 1/3	国 2/3	地方 1/3	

出典：厚生労働統計協会「国民の福祉と介護の動向」Vol. 66、No. 10、100 ページ「表 8　平成 30 年度における児童手当制度について」より費用負担を抜粋した。

負担割合は、国が 10/10 で全額負担であり、特別障害者手当と障害児福祉手当は、国が 3/4 を負担し、都道府県、市および福祉事務所設置町村は 1/4 である。そのほかに、母子父子寡婦福祉資金貸付制度は、母子及び父子並びに寡婦福祉法に位置づけられる制度であり、事業開始資金や就学資金、技能習得資金など 12 種類ある。負担割合は、国が 2/3、都道府県・指定都市・中核市は 1/3 である。

【引用・参考文献】

厚生労働統計協会『国民の福祉と介護の動向 2019/2020』Vol. 66、No. 10、2019 年
柏女霊峰『子ども家庭福祉論（第 5 版）』誠信書房、2013 年
厚生労働省雇用均等・児童家庭局長通知「市町村子ども家庭支援指針」2017 年 3 月
厚生労働省子ども家庭局家庭福祉課「社会的養育の推進に向けて」2019 年 4 月
公益財団法人児童養育協会監修『児童保護措置費・保育給費手帳』中央法規出版、2016 年
総務省「平成 31 年版地方財政白書」
森本美絵「児童家庭福祉の制度とサービス」（吉田明弘編著『児童福祉論（第 3 版）』八千代出版、2016 年）
保育福祉小六法編集委員会編『保育福祉六法』みらい、2019 年

第4章

子ども家庭福祉サービス

第1節 「子どもの貧困」の現状と対策

1 「子どもの貧困」の現状

1）絶対的貧困と相対的貧困

「貧困」には、2つのとらえ方がある。1つは、戦後間もない頃のわが国のように、食べるものや着るものがないというような「絶対的貧困」である。この絶対的貧困を明らかにしたものとして有名なのは、19世紀末にイギリスのロンドンでチャールズ・ブースが行った社会調査がある。これは週21シリングに貧困線を引き、それ以下の生活をしている人が30.7％もいることを明らかにした。最近では、世界銀行で2015年10月から適用している国際貧困ラインが1日1.9ドル未満で生活している人のことを示している。

もう1つは「相対的貧困」で、ある地域社会の大多数よりも生活に困窮している状態を示している。国民生活基礎調査では、等価可処分所得（収入から税金・社会保険料等を除いた、いわゆる「手取り収入」である世帯の可処分所得を、世帯人員の平方根で割って調整した所得）の中央値の半分の額に貧困線を引き、それ以下の等価可処分所得しか得ていない者の割合を相対的貧困率としている。2015（平成27）年の場合、中央値は244万円で、貧困線は122万円である（表4-1参照）。これを子どものみで算出したのが「子どもの貧困率」であり、13.9％となっている（図4-1参照）。これは、おおよそ7人に1人が貧困状態の中で生活していることを表している。また子どもがいる世帯の大人を含めて算出したのが「子どもがいる現役世帯」であり、12.9％となっている。このうち、ひとり親家庭のように「大人が1人」の場合は50.8％なので、おおよ

表 4-1　貧困率の年次推移

年	1985	1988	1991	1994	1997	2000	2003	2006	2009	2012	2015
	(単位：%)										
相対的貧困率	12.0	13.2	13.5	13.8	14.6	15.3	14.9	15.7	16.0	16.1	15.7
子どもの貧困率	10.9	12.9	12.8	12.2	13.4	14.4	13.7	14.2	15.7	16.3	13.9
子どもがいる現役世帯	10.3	11.9	11.6	11.3	12.2	13.0	12.5	12.2	14.6	15.1	12.9
大人が 1 人	54.5	51.4	50.1	53.5	63.1	58.2	58.7	54.3	50.8	54.6	50.8
大人が 2 人以上	9.6	11.1	10.7	10.2	10.8	11.5	10.5	10.2	12.7	12.4	10.7
	(単位：万円)										
中央値 (*a*)	216	227	270	289	297	274	260	254	250	244	244
貧困線 (*a*/2)	108	114	135	144	149	137	130	127	125	122	122

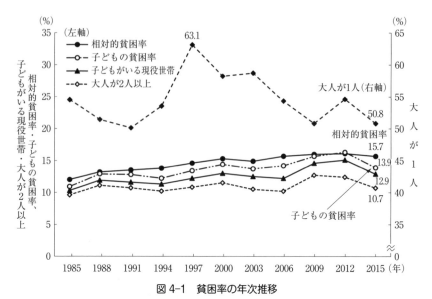

図 4-1　貧困率の年次推移

注：1）1994 年の数値は、兵庫県を除いたものである。
　　2）2015 年の数値は、熊本県を除いたものである。
　　3）貧困率は、OECD の作成基準に基づいて算出している。
　　4）大人とは 18 歳以上の者、子どもとは 17 歳以下の者をいい、現役世帯とは世帯主が
　　　18 歳以上 65 歳未満の世帯をいう。
　　5）等価可処分所得金額不詳の世帯員は除く。

出典：厚生労働省「平成 28 年国民生活基礎調査」(https://www.mhlw.go.jp/toukei/saikin/
　　　hw/k-tyosa/k-tyosa16/dl/03.pdf) 15 ページを一部修正。

そ2人に1人が貧困状態であり、毎月10万円ほどで生活していることになる。

2）子どもの貧困対策の推進に関する法律（子どもの貧困対策法）

このような状況を踏まえ、2013（平成25）年6月19日には「子どもの貧困対策の推進に関する法律（以下、子どもの貧困対策法とする）」が第183回国会において衆参両院のすべての政党の賛成のもとに成立し、2014（平成26）年1月17日に施行された。このとき、法施行後5年を経過した場合の見直し条項が規定されていたこともあり、2019（令和元）年6月19日第198回国会にて改正法案が全会一致で成立し、同年9月7日に施行された。

この改正では、子どもの「将来」だけではなく「現在」に向けた子どもの貧困対策を推進すること、各施策を子どもの状況に応じ包括的かつ早期に講ずること、貧困の背景にさまざまな社会的要因があることを踏まえるなど、目的および基本理念の充実が図られたほか、市町村に対する子どもの貧困対策計画の努力義務が規定された（表4-2参照）。

また、「子供の貧困対策に関する大綱」に記載される施策について、「生活の安定に資するための支援」「保護者に対する職業生活の安定と向上に資するための就労の支援」等、趣旨の明確化が図られている。

表4-2　子どもの貧困対策の推進に関する法律・新旧対照表

新	旧
第1条　この法律は、子どもの現在及び将来がその生まれ育った環境によって左右されることのないよう、全ての子どもが心身ともに健やかに育成され、及びその教育の機会均等が保障され、子ども一人一人が夢や希望を持つことができるようにするため、子どもの貧困の解消に向けて、児童の権利に関する条約の精神にのっとり、子どもの貧困対策に関し、基本理念を定め、国等の責務を明らかにし、及び子どもの貧困対策の基本となる事項を定めることにより、子どもの貧困対策を総合的に推進することを目的とする。	第1条　この法律は、子どもの将来がその生まれ育った環境によって左右されることのないよう、貧困の状況にある子どもが健やかに育成される環境を整備するとともに、教育の機会均等を図るため、子どもの貧困対策に関し、基本理念を定め、国等の責務を明らかにし、及び子どもの貧困対策の基本となる事項を定めることにより、子どもの貧困対策を総合的に推進することを目的とする。

傍線部分は改正部分である。

3) 学校プラットフォーム

2014 年 8 月 29 日に閣議決定された「子供の貧困対策に関する大綱」では、「学校」を子どもの貧困対策のプラットフォームと位置づけて総合的に対策を推進することとされた。また学校を窓口として、貧困家庭の子どもたちを早期の段階で生活支援や福祉制度につなげていくことができるよう、地方公共団体へのスクールソーシャルワーカーの配置を推進し、必要な学校において活用できる体制を構築している（図 4-2 参照）。

このようにすべての子どもが集う学校を基盤として、スクールソーシャルワーカーが「チーム学校」の一員として生活問題を抱えた児童生徒の置かれた環境（家庭・友人関係等）へ働きかけたり、関係機関・団体と連携・協働することは、子どもの貧困のみならず、いじめや不登校などの生きづらさを抱えた子どもたちへの支援に有効である。

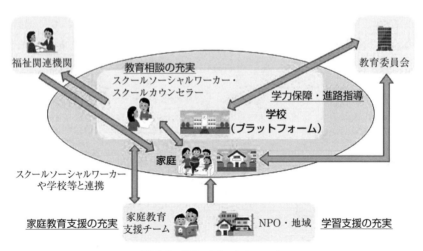

図 4-2　学校プラットフォーム

出典：文部科学省「教育の支援を必要とする方へ」（https://www.mext.go.jp/a_menu/shougai/kodomo-hinkontaisaku/1369105.htm）

2 ひとり親家庭

1）ひとり親家庭の現状

　ひとり親家庭とは母子家庭と父子家庭を指し、母親か父親のどちらかが一人で仕事だけでなく、家事や育児、場合によれば介護も担っている家庭を指す。このようなひとり親家庭への支援は、1964（昭和39）年に母子福祉法として始まり、1981（昭和56）年には母子及び寡婦福祉法となって、2014年には母子及び父子並びに寡婦福祉法となり、現在に至っている。

　このひとり親家庭については、厚生労働省が5年おきに「全国ひとり親世帯等調査」を行っている。この最新の調査結果によれば、2016（平成28）年11月1日現在の母子世帯数は123.2万世帯、父子世帯数は18.7万世帯と推計される。この母子世帯の母親は81.8％が、父子世帯の父親は85.4％が働いているにもかかわらず、母親や父親自身の収入である平均年間収入は母子世帯が243万円、父子世帯が420万円となっている。これに手当などを含めた世帯の平均年間収入は母子世帯が348万円、父子世帯が573万円となっている。この世帯の平均年間収入は、国民生活基礎調査による児童のいる世帯の平均所得を100とした場合に、母子世帯は49.2、父子世帯は81.0となる。

　この要因としては、男女の賃金格差や母子家庭の母親の半分近くがパートやアルバイトで生計を立てていることによって、そもそもの収入が少ないことや、残業や休日出勤、遠方への出張などが難しいので基本給以上の収入を得にくいことなどがある。

2）ひとり親家庭への支援

　このようなひとり親家庭への支援としては、①福祉事務所に配置されている母子・父子自立支援員による相談支援、保育所の優先入所、家庭生活支援員の派遣等の「子育て・生活支援」、②母子・父子自立支援プログラムの策定やハローワーク等との連携による就労支援の推進、母子家庭等就業・自立支援センター事業の推進等の「就業支援」、③養育費相談支援センター事業の推進などの「養育費確保支援」、④児童扶養手当の支給、母子父子寡婦福祉貸付金の貸付等の「経済的支援」がある。

　ひとり親家庭になった理由としては、約8割が離婚を原因としている（表

表 4-3　母子世帯と父子世帯の状況

	母子世帯	父子世帯
1　世帯数〔推計値〕	123.2 万世帯 （123.8 万世帯）	18.7 万世帯 （22.3 万世帯）
2　ひとり親世帯になった理由	離婚　79.5 %（80.8 %） 死別　8.0 %（7.5 %）	離婚　75.6 %（74.3 %） 死別　19.0 %（16.8 %）
3　就業状況	81.8 %（80.6 %）	85.4 %（91.3 %）
就業者のうち正規の職員・従業員	44.2 %（39.4 %）	68.2 %（67.2 %）
うち自営業	3.4 %（2.6 %）	18.2 %（15.6 %）
うちパート・アルバイト等	43.8 %（47.4 %）	6.4 %（8.0 %）
4　平均年間収入〔母または父自身の収入〕	243 万円（223 万円）	420 万円（380 万円）
5　平均年間就労収入〔母または父自身の就労収入〕	200 万円（181 万円）	398 万円（360 万円）
6　平均年間収入〔同居親族を含む世帯全員の収入〕	348 万円（291 万円）	573 万円（455 万円）

※（　）内の値は、前回（2011 年度）調査結果を表している。
※「平均年間収入」及び「平均年間就労収入」は、2015 年の 1 年間の収入。
※集計結果の構成割合については、原則として、「不詳」となる回答（無記入や誤記入等）
　がある場合は、分母となる総数に不詳数を含めて算出した値（比率）を表している。
出典：厚生労働省「平成 28 年度　全国ひとり親世帯等調査」（https://www.mhlw.go.jp/
　　　file/06-Seisakujouhou-11920000-Kodomokateikyoku/0000188182.pdf）を一部修正。

4-3 参照）。離婚には、夫婦間で話し合う協議離婚、話し合いがまとまらない
場合に家庭裁判所で中立的な立場である調停委員が間に入る調停離婚、家庭
裁判所が離婚を相当と判断したときに職権で離婚を認める審判をする審判離
婚、それでも合意できないときに家庭裁判所に離婚訴訟を起こす裁判離婚の
4 つがある。「離婚に関する統計（人口動態統計特殊報告）」では 10 年に一度これ
らの割合が示されるが、2008 年の場合は 87.8 %が協議離婚となっている。
　このうち協議離婚の場合、民法第 766 条には「父母が協議上の離婚をする
ときは、子の監護をすべき者、父又は母と子との面会及びその他の交流、子
の監護に要する費用の分担その他の子の監護について必要な事項は、その協
議で定める。この場合においては、子の利益を最も優先して考慮しなければ
ならない」と書かれている。そしてこのことを離婚時に意識してもらうため、

離婚届には面会交流と養育費に関する取り決めをしているかどうか、チェック欄が設けられている。しかしながら、先の「全国ひとり親世帯等調査」によれば、養育費の取り決めをしているのは、母子世帯 42.9 ％、父子世帯の20.8 ％にとどまっている。また面会交流の取り決めは、母子世帯の 24.1 ％、父子世帯の 27.8 ％しかなされていない。この面会交流が実施されている割合はさらに下がることから、法務省は2019年に「子どもの養育に関する合意書作成の手引きと Q&A」とのパンフレットを作成し、合意書のひな形も掲載している。

第 2 節　外国籍等の子どもたちへの支援

1　わが国で暮らす外国人の状況

　法務省「在留外国人統計」によると、2019 年 6 月末現在における在留外国人数は 282 万 9416 人で、前年末（273 万 1093 人）に比べ 9 万 8323 人（3.6 ％）増加し、過去最高となった。同年 6 月 1 日のわが国の総人口は 1 億 2625 万2000 人なので、その割合は 2.24 ％である。国籍・地域別では、中国が約 78万 6241 人で全体の約 27.8 ％を占め、韓国（16.0 ％）、ベトナム（13.1 ％）、フィリピン（9.8 ％）、ブラジル（7.3 ％）と続いている。都道府県別で見ると、東京が 58 万 1446 人で全体の 20.6 ％となり、愛知県（9.6 ％）、大阪府（8.7 ％）、神奈川県（8.1 ％）、埼玉県（6.7 ％）と続く。

　2018（平成 30）年に出入国管理及び難民認定法（いわゆる「入管法」）が改正され、2019 年度から建設、農業、宿泊、介護、造船業、外食などの 14 業種でも在留資格を得られるようになった。また 2020（令和 2）年にはわが国で東京オリンピック・パラリンピックが開催されるため、これからますますわが国に外国人が来るようになるだろう。そこでわが国では、外国人材を適正に受け入れ、共生社会の実現を図ることにより、日本人と外国人が安心して暮らせる社会の実現に寄与することを目的とし、「外国人材の受入れ・共生のための総合的対応策」（2018 年 12 月外国人材の受入れ・共生に関する関係閣僚会議決定）を策定した。

2　外国籍等の子どもたちの現状

1）学齢期の子どもたち

　日本国憲法第26条は第1項で「すべて国民は、法律の定めるところにより、その能力に応じて、ひとしく教育を受ける権利を有する。」第2項で「すべて国民は、法律の定めるところにより、その保護する子女に普通教育を受けさせる義務を負ふ。」となっている。また教育基本法は、その第5条で「国民は、その保護する子に、別に法律で定めるところにより、普通教育を受けさせる義務を負う。」としている。すなわち、わが子に普通教育を受けさせる義務は日本国民に課されており、外国籍等の子どもたちはその対象外となる。しかしながら国際人権規約や児童の権利に関する条約等を踏まえ、多くの公立の小・中学校等で入学を希望する外国籍等の子どもを無償で受け入れており、外国籍等の子どもの教育を受ける権利を保障している。

　このような子どもたちが日本の学校で学ぶためには、日本語の習得や日本文化の理解等がどの程度できているかが鍵となる。文科省の「日本語指導が必要な児童生徒の受入状況等に関する調査」によれば、2018年5月1日現在で日本語指導が必要な児童生徒数は5万759人で、そのうち外国籍の児童生徒数は4万485人である。日本語指導が必要な外国籍の児童生徒の母語として最も多いのはポルトガル語で (25.7 %)、日本語指導が必要な日本国籍の児童生徒が最も多く使用している言語はフィリピノ語である (32.8 %)。これらの子どもたちの79.3 %は、在籍校で教科指導だけでなく「特別の教育課程」による日本語指導や教科の補習等を受けている。しかしながら、外国籍等の子どもたちの増加に伴い、日本語指導等を担う支援員が不足しており、その研修等も急務である。

　文部科学省「外国人の子供の教育の更なる充実に向けた就学状況等調査の実施及び調査結果」によると、2019年5月1日現在で学齢相当の外国人の子どもの住民基本台帳上の人数は小学生が8万7164人、中学生が3万6885人の合計12万4049人である。この外国人の子どもたちが日本の学校に行くかどうかは、本人や保護者の希望に委ねられている。そのため、不就学の可能性がある外国人の子どもは1万9654人 (15.8 %) に上る。これらの子どもた

ちの中には、各地の国際交流団体や NPO 法人、民間団体、ボランティア等による日本語教室やフリースクールなどを居場所としている者もいる。

2) 乳幼児期の子どもたち

前述の法務省「在留外国人統計」によると、0〜5 歳の子どもたちは 12 万7345 人で、全在留外国人の 4.7 ％を占めている。この乳幼児期の子どもたちの特徴として、そもそも子ども自身が言語によるコミュニケーション手段を身につける成長過程にいることがある。前述のように、わが国における外国人の子どもたちへの支援は、母語など何らかの言葉を習得している学齢期が中心となっている。乳幼児の場合は、そもそも母語も日本語も十分に理解し、話すことが難しい。乳幼児の言語発達は、母語である第一言語を獲得した上で、第二言語である外国語が身についていく。そのことからも、子どもだけでなく保護者にも日本語を学んでもらうことが大事になる。

また外国籍家庭の子どもで言葉の発達に問題があるときは、子どもの言葉の理解や文化の違いから生じていることなのか、子どもの発達そのものに課題があるのか、判断するのが難しい。

さらに、外国で妊娠・出産・子育てをすることは、外国籍等の保護者にとって困難を抱えやすい。例えばわが国の場合は出産時に 1 週間ほど産婦人科に入院し、出産後も授乳の練習や沐浴指導など子育てについて教わってから退院に至ることが多い。しかしながら入院期間がわが国より短い国も多く、中には出産した翌日に退院したら、定期的に保健師が家庭訪問する国もある。このように妊娠・出産・子育ての文化が違うため不安になりやすいが、言葉に壁がある時は必要なサービスにたどり着くことができないなど、支えてくれるネットワークも作りにくい。そこで自治体によっては、外国語母子健康手帳を用意したり、複数の言葉に翻訳された子育て支援サービスに関するハンドブックを作成したり、外国籍等の保護者に集まってもらう会の運営や、子育て支援サービス従事者向けのガイドブックを発行したりしている。

3 外国籍等の子どもたちへの幼児教育・保育

幼稚園については、全国幼児教育研究協会が 2016 年に行った調査報告が

ある。これによると、日本における外国人の居住比率の高い集住地域（群馬県、愛知県、滋賀県）や都市型分散地域（東京都、神奈川県、大阪府、福岡県）、外国人の居住比率の低い地域（岩手県）の８県において、外国人幼児は２園に１園が在籍しており、その在籍人数の平均は4.7人だった。またほとんどの幼稚園等が外国人を受け入れており、１園に多様な国の外国人幼児が在園していた。

　外国人幼児を受け入れた幼稚園において、教師の最も気になったこと（困り感）は幼児に指示が伝わらないことであり、気になる度合いは教師の発達観や期待感に影響されていた。「友達と遊ばない」など、入園当初に気になった姿がおおむね見られなくなり安定するのは半年くらい経てからである。外国人幼児が在籍する学級でともに過ごす他の幼児たちとの関係は、言葉は通じなくても一緒に遊ぶ中で、困っている様子を見ると助けようとするなど、共に育ち合っていた。保育所に関する調査報告は和田上他（2017）が行っているが、子どもに対しても親に対しても意思伝達において保育士が戸惑っていることなど、幼稚園と同じような傾向が見られた。

　このような外国籍等の子どもたちへの幼児教育・保育については、指針や要領などで下記の通り記されている。

幼稚園教育要領
・海外から帰国した幼児や生活に必要な日本語の習得に困難のある幼児については、安心して自己を発揮できるよう配慮するなど個々の幼児の実態に応じ、指導内容や指導方法の工夫を組織的かつ計画的に行うものとする。［第１章総説第５節］

保育所保育指針
・子どもの国籍や文化の違いを認め、互いに尊重する心を育てるようにすること。［第２章４］

幼保連携型認定こども園教育・保育要領
・海外から帰国した園児や生活に必要な日本語の習得に困難のある園児については、安心して自己を発揮できるよう配慮するなど個々の園児の実態に応じ、指導内容や指導方法の工夫を組織的かつ計画的に行うものとする。［第１章第２、３（2）］

・園児の国籍や文化の違いを認め、互いに尊重する心を育てるようにすること。［第2章第4、2（5）］

　また保育所保育指針と幼保連携型認定こども園教育・保育要領では、「外国籍家庭など、特別な配慮を必要とする家庭の場合には、状況等に応じて個別の支援を行うよう努めること」とされている〔指針第4章2（2）ウ、教育・保育要領第4章第2、7〕。このように幼稚園や保育所、認定こども園等では、外国籍等の子どもたちへの幼児教育・保育を行うにあたり、組織的・計画的に、その家族も含めて支援することが求められている。

　このことについては、2019年に内閣府・文部科学省・厚生労働省から出された「幼稚園、保育所、認定こども園等における外国籍の子ども等への対応について」との留意事項においても確認されている。また外国籍の子どもたちが保育所等から小学校に進学するときにスムーズに適応できるよう、各要録は「外国籍の子ども等については、その子どもが育ってきた過程について、その子どもの抱える生活上の課題や困難等に応じて行われてきた保育における工夫及び配慮を考慮した上で記載すること」となっている。

第3節　母子保健サービス

1　母子保健とは

　母子保健は、「母性並びに乳児及び幼児の健康の保持及び増進を図るため、母子保健に関する原理を明らかにするとともに、母性並びに乳児及び幼児に対する保健指導、健康診査、医療その他の措置を講じ、もつて国民保健の向上に寄与することを目的と」している（母子保健法第1条）。具体的な母子保健サービスは、妊娠・出産・子育て期を中心に、思春期から子どもが就学するまでを網羅している（図4-3参照）。

1）母子健康手帳

　母子健康手帳は、市町村が妊娠の届出をした人に対して交付する（母子保健法第16条第1項）。その歴史は戦中の1942（昭和17）年に妊産婦手帳として始まり、戦後1948（昭和23）年に母子手帳、1965（昭和40）年から母子健康手帳

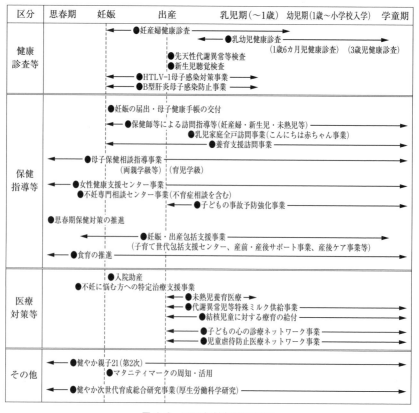

区分	思春期	妊娠	出産	乳児期（～1歳）	幼児期（1歳～小学校入学）	学童期

健康診査等
- ●妊産婦健康診査
- ●乳幼児健康診査（1歳6カ月児健康診査）（3歳児健康診査）
- ●先天性代謝異常等検査
- ●新生児聴覚検査
- ●HTLV-1母子感染対策事業
- ●B型肝炎母子感染防止事業

保健指導等
- ●妊娠の届出・母子健康手帳の交付
- ●保健師等による訪問指導等（妊産婦・新生児・未熟児等）
- ●乳児家庭全戸訪問事業（こんにちは赤ちゃん事業）
- ●養育支援訪問事業
- ●母子保健相談指導事業（両親学級等）（育児学級）
- ●女性健康支援センター事業
- ●不妊専門相談センター事業（不育症相談を含む）
- ●子どもの事故予防強化事業
- ●思春期保健対策の推進
- ●妊娠・出産包括支援事業（子育て世代包括支援センター、産前・産後サポート事業、産後ケア事業等）
- ●食育の推進

医療対策等
- ●入院助産
- ●不妊に悩む方への特定治療支援事業
- ●未熟児養育医療
- ●代謝異常児等特殊ミルク供給事業
- ●結核児童に対する療育の給付
- ●子どもの心の診療ネットワーク事業
- ●児童虐待防止医療ネットワーク事業

その他
- ●健やか親子21（第2次）
- ●マタニティマークの周知・活用
- ●健やか次世代育成総合研究事業（厚生労働科学研究）

図4-3　母子保健対策の体系

出典：厚生労働省「厚生労働白書平成30年（資料編）」189頁（https://www.mhlw.go.jp/wp/hakusyo/kousei/18-2/dl/07.pdf）。

と名称を変えてきた。現在は、妊娠初期から子どもが小学校に入学するまでの間の、母子の一貫した記録となっている。妊産婦・乳幼児の健康診査や保健指導に関する記録は、全国一律の内容で、必ず記載しなければならないこととして、厚生労働省の様式も決められている。また医学的記録や保護者の記録は省令様式を定めてあるが、行政情報や保健・育児情報などは省令で記載事項のみを定め、その記載内容は市町村に任されている。このように、記入する内容は全国ほとんど同じなので、長期に渡って活用することができる。

2）妊産婦健康診査（妊婦健診）

　妊産婦健康診査は、妊婦と胎児の定期的な健康状態を確認することを目的として行われる。これは、厚生労働大臣によって望ましい基準が策定されており、現在は、妊娠初期〜23週は4週間に1回、妊娠24〜35週は2週間に1回、妊娠36週〜分娩は1週間に1回、合計14回程度受診するのが望ましいとされている。このような妊娠や出産は病気ではないので、保険適用外となり健診費用は全額自己負担になる。その負担を軽減するために、各市町村は健診費用の一部を公費で負担している。健診項目としては、①問診、診察等、健康状態の把握、②検査、③保健指導を実施するとともに、必要に応じて医学的検査を行う。

　なお、働いている妊婦は、事業主に申し出れば勤務時間内に妊婦健診を受けるための時間をとることができる（男女雇用機会均等法第12条）。またこの妊産婦健康診査は、子ども・子育て支援法第59条第13号における地域子ども・子育て支援事業の1つでもある。

3）乳幼児健康診査（1歳6カ月児健診・3歳児健診）

　乳幼児健康診査は、市町村が乳幼児に行う健康診査である。このうち、1歳6カ月児健診と3歳児健診は法定健診といわれ、母子保健法第12条に基づき、すべての市町村で行われる健康診査である。これらの健診項目については、母子保健法施行規則第2条に記されている。それ以外については、同法第13条に「市町村は、必要に応じ、妊産婦又は乳児若しくは幼児に対して、健康診査を行い、又は健康診査を受けることを勧奨しなければならない」と書かれていることから、3〜4カ月児健診や9〜10カ月児健診などがよく行われている。このほかに、1カ月健診は生まれた医療機関で行うことが多い。

　小枝ら（2006）の5歳児健診に関する研究によれば、5歳児健診での発達障害児出現頻度は鳥取県（1015名）で9.3％、栃木県（1056名）で8.2％だった。また、そのうち3歳児健診では何ら発達上の問題を指摘されていなかったのは、鳥取県で43％、栃木県で67％となっている。このことから、発達障害は3歳ではまだはっきりしないことがあるが、5歳児になるとかなりわかるようになるといえる。小学校入学に向けて行われる就学時健康診断は、就学

前年度の11月30日までに行うことになっており、多くは10月頃に実施される。しかしながら、そのときに障害があることを指摘されても、小学校入学までに半年もないため、本人や保護者が障害について理解したり受容したり、就学先を決定するのに十分な時間がない。このことからも、子どもが年中児の間に5歳児健診を受診し、もし障害があるとすれば早期発見・早期療育につなげることが求められる。

2　子育て世代包括支援センター

　子育て世代包括支援センターについては、「まち・ひと・しごと創生基本方針」（2015年6月30日閣議決定）等において、妊娠期から子育て期にわたるまでのさまざまなニーズに対して総合的相談支援を提供するワンストップ拠点として2016年6月に母子保健法を改正し、その第22条第2項に「母性並びに乳児及び幼児の健康の保持及び増進に関する包括的な支援を行うことを目的とする施設」として位置づけられ、2017年4月から施行された（法律における名称は「母子健康包括支援センター」）。そのモデルとなったのは、フィンランドのネウボラである。

　子育て世代包括支援センター業務ガイドラインによれば、子育て世代包括支援センターの必須業務としては、①妊産婦・乳幼児等の実情を把握すること、②妊娠・出産・子育てに関する各種の相談に応じ、必要な情報提供・助言・保健指導を行うこと、③支援プランを策定すること、④保健医療または福祉の関係機関との連絡調整を行うこと、の4つがある。このセンターは、原則すべての妊産婦（産婦：産後1年以内）、乳幼児（就学前）とその保護者を対象とすることを基本とし、地域の実情に応じて18歳までの子どもとその保護者についても対象とする等、柔軟に運用することになっている。その中で妊娠期から子育て期、特に3歳までの子育て期について重点を置いている。

　「子育て世代包括支援センターの設置運営について（通知）」（厚生労働省雇用均等・児童家庭局母子保健課雇児発0331第5号2017〔平成29〕年3月31日）においては、センターには保健師等を1名以上配置することが記載されており、保健師・助産師等のこれまでの母子保健活動の経験を活かすことで、センターの

業務を効果的かつ効率的に展開することができる。さらに、保健師や助産師、看護師といった医療職に加えて、精神保健福祉士、ソーシャルワーカー（社会福祉士等）利用者支援専門員、地域子育て支援拠点事業所の専任職員といった福祉職を配置することが望ましい。

　子育て世代包括支援センターは、「ニッポン一億総活躍プラン」（2016〔平成28〕年6月2日閣議決定）において、2020（令和2）年度末までの全国展開を目指すこととしている。2019年4月1日現在では、983市区町村1717カ所で実施されている。

第4節　子ども家庭福祉サービスの課題

1　発達障害と児童虐待の増加

　杉山（2007）は、虐待された子どもたちは心だけでなく、脳の発達にも障害が生じるという。子ども虐待の結果に生じる愛着障害は、発達障害に非常に類似した症状が認められる。例えば、児童虐待による愛着障害によって、感情や衝動性のコントロールが難しい子どもは、注意欠陥・多動性障害（ADHD）に見えることがある。そのために、本来は児童虐待による愛着障害であるにもかかわらず、発達障害と思われたり、服薬治療を受けたり、特別支援学校・学級に在籍する子どももいる。反応性愛着障害の抑制型は、人との交流を避けたり、過度に抑制された反応をしたり、過度の警戒をしたり、人への攻撃性もあるため、自閉症スペクトラム障害（アスペルガー症候群）や知的能力障害、気分障害（抑うつ）と似ている。また反応性愛着障害の脱抑制型は、特定の人にこだわらず誰とでも交流し、拡散した愛着、無分別な社交性のため、注意欠陥・多動性障害に見えることがある。

　これについては、脳の画像診断法をもとに児童虐待の研究を進め、心の傷の可視化を進めている友田（2017）も、愛着障害と発達障害は症状からだけでは区別がつかないと述べている。また発達障害の場合は成長とともに症状が落ち着く傾向にあるが、愛着障害は適切なケアを施さないと症状が改善されないなど、その治療法も異なる。

近年、発達障害の子どもたちが増えているといわれることが多い。実際に、子どもそのものの数は減少しているのに、特別支援学校や特別支援学級、通級に在籍する子ども数は増加している。また通常学級に在籍していて、学習面または行動面で著しい困難を示し発達障害の可能性があるとされた子どもたちは、2012（平成24）年の場合 6.3 ％だった。これらの子どもたちを支援していく際には、児童虐待による愛着障害の可能性を秘めていることを念頭に、生育歴も踏まえた適切なアセスメントが必要である。

2　特別な配慮を必要とする家庭への個別の支援について
1）乳幼児に関する個別の支援

　2018年度から適用になっている保育所保育指針は、第4章で①子どもに障害や発達上の課題が見られる場合には、市町村や関係機関と連携および協力を図りつつ、保護者に対する個別の支援を行うよう努めること、②外国籍家庭や外国にルーツをもつ家庭、ひとり親家庭、貧困家庭など、特別な配慮を必要とする家庭の場合には、状況等に応じて個別の支援を行うよう努めること、③保護者に育児不安等が見られる場合には、保護者の希望に応じて個別の支援を行うよう努めること、としている。この場合、子どもだけでなく保護者を含む家庭への支援に関する計画や記録を個別に作成するなど、保育士には適切な対応が求められている。同様の記載は、幼保連携型認定こども園教育・保育要領にもある。

2）学齢期の子どもに関する個別の支援

　学齢期の子どもについては、障害のある場合は個別の教育支援計画を、日本語指導が必要な外国人児童生徒等の在籍学級以外の教室で行われる指導について特別の教育課程を編成・実施する場合は指導計画を、不登校児童生徒については組織的・計画的な支援を行うための資料を作成することが求められていた。

　2018年には「不登校児童生徒、障害のある児童生徒及び日本語指導が必要な外国人児童生徒等に対する支援計画を統合した参考様式の送付について」との通知が出され、これらの支援計画を1つにまとめて作成する場合の参考

様式である「児童生徒理解・支援シート」が示された。これは学級担任や対象分野の担当教員、養護教諭等の教員だけでなく、スクールソーシャルワーカーやスクールカウンセラー等を中心に、家庭や地域、福祉、医療、保健、労働等の関係機関が連携することにより、小学1年生から高校4年生分まで記載できるフェイスシートや、ケース会議の記録を学校が組織的に作成することになっている。

3　ハイリスクアプローチとポピュレーションアプローチ

　ハイリスクアプローチとは、より高いリスクをもった人へ、リスクを減らすように支援していくアプローチである。ポピュレーションアプローチは、リスクを持った人と限定せず、その集団のリスクを全体的に下げるために働きかけるアプローチである。

　例えば児童虐待への対応には、①児童虐待の発生予防、②児童虐待発生時の迅速・的確な対応、③虐待を受けた子どもの自立支援がある。このときに、虐待を受けた子どもへの迅速・的確な対応や、ケアし自立を支援することも大切だが、虐待による心と体の傷を癒やすのは時間がかかり、トラウマケアなどの適切な支援が行える専門機関に限りもある。このことからも、ポピュレーションアプローチによってリスクをもった全対象に働きかけ、虐待に発展しないように、発生予防に取り組むことが大切である。

　このことは、子どもの貧困をはじめ、いじめや不登校、児童虐待など、生きづらさを抱えた子どもたちを支援するときにも役立つ視点である。

4　持続可能な開発目標（SDGs）

　国連の「持続可能な開発目標（Sustainable Development Goals：SDGs）」とは、2001年に策定された「ミレニアム開発目標（Millennium Development Goals：MDGs）」の後継として、2015年9月の国連サミットで採択された「持続可能な開発のための2030アジェンダ」にて記載された2016年から2030年までの国際目標である。ミレニアム開発目標（MDGs）は2001〜2015年に発展途上国向けの開発目標として、①貧困・飢餓、②初等教育、③女性、④乳幼児、

図4-4　SDGsのロゴ・アイコン

出典：国連広報センター（https://www.unic.or.jp/activities/economic_social_development/sustainable_development/2030agenda/sdgs_logo/）。

⑤妊産婦、⑥疾病、⑦環境、⑧連帯の8ゴールと21のターゲットが定められた。SDGsはこれを発展させて、「地球上の誰一人として取り残さない（leave no one behind）」との考え方のもとに、17のゴールと169のターゲットから構成されている（図4-4参照）。SDGsは、発展途上国のみならず，先進国自身が取り組むユニバーサル（普遍的）なものであり、わが国としても積極的に取り組んでいる。

　SDGsの最初のゴールは「NO POVERTY」すなわち「貧困をなくそう」である。わが国の子どもたちは、子どもの貧困や不登校、外国籍の子ども、障害、いじめ、児童虐待などさまざまな生きづらさを抱えている。そのような子どもたちの問題を解決するためにも、まずは貧困をなくし生存権を保障することが将来に渡って持続可能な社会を作ることにつながる。

【引用・参考文献】

杉山登志郎『子ども虐待という第四の発達障害』学研、2007年

友田明美『子どもの脳を傷つける親たち』NHK 出版新書、2017 年

小枝達也『軽度発達障害児に対する気づきと支援のマニュアル』（平成 18 年度厚生労働科学研究「軽度発達障害児の発見と対応システムおよびそのマニュアル開発に関する研究」（主任研究者：小枝達也　鳥取大学地域学部教授）2006 年）

公益社団法人全国幼児教育研究協会『幼児期における国際理解の基盤を培う教育の在り方に関する調査研究—外国籍等の幼児が在園する幼稚園の教育上の課題と成果から—』2017 年

和田上貴昭他「外国にルーツをもつ子どもの保育に関する研究」（『保育科学研究』第 8 号、2017 年、16–23 頁）

厚生労働省『厚生労働白書　各年版』ぎょうせい

第5章

現代家族と保育

第1節　子育て支援と保育の役割

1　増大する保育ニーズと、仕事と子育ての両立支援

　国が本格的な子育て支援政策に取り組んだのは、1994（平成6）年の「今後の子育て支援のための施策の基本的方向性について（エンゼルプラン）」からである。この「エンゼルプラン」の施策の具体化の一つ、「当面の緊急保育対策等を推進するための基本的考え方（緊急保育対策等5か年事業）」は、女性の社会進出の増加等に伴う保育需要の多様化等に対応するため、低年齢児（0〜2歳児）の保育促進、時間延長型保育・一時的保育事業・放課後児童クラブなど多様な保育サービスの提供体制の整備、身近で育児相談や保育サービスの情報が得られ、子育てサークルへの参加もできる地域子育て支援センターの整備などについて、1999（平成11）年度末までの目標が掲げられた。

　1997（平成9）年には、児童福祉法の改正が行われた。少子化の進行、夫婦共働き家庭の一般化、家庭や地域の子育て機能の低下等、児童や家庭を取り巻く環境の大きな変化を背景に「保育需要の多様化や児童をめぐる問題の複雑・多様化に適切に対応することが困難になってきている」ことから、児童保育施策の見直し等を行い「新しい時代にふさわしい質の高い子育て支援の制度として再構築を図る」ことを目的とした改正であった。この改正で、保育所入所の仕組みがそれまでの措置から、保護者が保育所を選択する仕組みへと改められた。また保育所には、地域住民に対して、その保育に関する情報提供や、乳幼児等の保育に関する相談・助言を行う努力が義務づけられた。

　エンゼルプランに続いて1999年に策定された「重点的に推進すべき少子

化対策の具体的実施計画について（新エンゼルプラン）」は、保育サービス等子育て支援サービスの充実のほか、雇用環境、母子保健医療、教育、住まいづくりやまちづくりにまで及ぶ、幅の広い内容となった。保育サービス等子育て支援サービスの充実については、エンゼルプランに引き続き、低年齢児の保育所受入れの拡大や放課後児童クラブ・延長保育・一時保育の推進、地域子育て支援センターの整備が図られたほか、休日保育や乳幼児健康支援一時預かり（病気回復期にある乳幼児の保育）、ファミリー・サポート・センター（地域において子育ての相互援助活動を行う会員制の組織）の推進についても、それぞれ2004（平成16）年度末までの目標値が示された。一時保育については、「専業主婦家庭の休養・急病や育児疲れ解消、パート就労等に対応した一時預かり」とされ、家庭で子育てをしている母親が子どもから離れリフレッシュすることの必要性が公的に認められた形となった。

　量、種類ともに保育ニーズが増大し続ける中、「仕事と子育ての両立支援策の方針について」（2001〔平成13〕年閣議決定）では、施策の一つとして、「待機児童ゼロ作戦」が盛り込まれた。「最小のコストで最良・最大のサービスを」という副題が付けられ、1998（平成10）年に創設された保育所分園制度のほか、保育所設置主体制限の撤廃、保育所設置に係る資産要件の緩和、年度当初からの定員超過の承認、小規模保育の最低定員の引下げ、公設民営化などさまざまな方策が取られた。社会福祉法人以外の株式会社やNPO法人等民間活力の積極的な導入を図り、多様で良質な保育サービスの供給をめざす、としたが、保育の質の低下を懸念する声が相次いだ。

　一方、2002（平成14）年の「少子化対策プラスワン」では、少子化の流れが依然として止まらないため、これまでの、子育てと仕事の両立支援の観点からの保育に関する施策を中心とした取り組みを、大きく見直した。保育の充実は依然として重要な課題ではあったが、保育を必要とする家庭への支援にとどまらず、すべての家庭を視野に入れ、子どもや若者など次世代の育成や、男性も含めた働き方の見直し、仕事と生活が調和する社会の実現（ワーク・ライフ・バランス）など、幅広い観点から総合的に取り組む子育て支援施策が展開されていくこととなった。

2　就学前の教育・保育の一体化と子ども・子育て支援新制度

　2006（平成18）年、「就学前の子どもに関する教育、保育等の総合的な提供の推進に関する法律（認定こども園法）」が成立した。この法律に基づいて設立される認定こども園は、幼稚園と保育所の両方の認可を得た幼保連携型、幼稚園の認可のみを得た幼稚園型、保育所の認可のみを得た保育所型、自治体独自の基準を満たす地方裁量型の4種である。いずれも①すべての就学前の子どもに教育・保育を一体的に行う機能、②すべての子育て家庭を対象に、子育て不安に対応した相談や親子のつどいの場を提供する等地域における子育て支援を行う機能、を併せ持ち、都道府県等の認定を受けたものである。認定の基準は、国が定めた基準に従い、また参酌して各都道府県等が条例で定める。

　認定こども園の創設には、都市部を中心とした待機児童問題および、園児数の減少により集団による保育・教育が成り立たない地域の問題を、幼稚園と保育所との一体化を進めることで解決しようとする側面があった。しかし、制度的には一体化されなかったため、幼稚園と保育所の二重の事務手続きが必要となるなど、その煩雑さから設置が進まなかった。

　2010（平成22）年、子ども・子育て新システム検討会議が発足し、認定こども園制度の改善を含む、子育て支援のための包括的・一元的な制度の構築が検討されはじめた。その費用としては、社会保障・税一体改革における、消費税率引き上げで得られる財源の一部が当てられることになった。そして2012（平成24）年、「子ども・子育て支援法」「就学前の子どもに関する教育、保育等の総合的な提供の推進に関する法律の一部を改正する法律」「子ども・子育て支援法及び認定こども園法の一部改正法の施行に伴う関係法律の整備等に関する法律」の、いわゆる子ども・子育て関連三法が成立、子ども・子育て支援の新制度が2015（平成27）年4月から施行された。

　子ども・子育て支援新制度は、「保護者が子育てについての第一義的責任を有する」という基本的な認識のもとに、幼児期の学校教育・保育、地域の子ども・子育て支援を総合的に推進するものである。

　具体的な内容は以下の通りである。①認定こども園、幼稚園、保育所を通

じた共通の給付（「施設型給付」）および小規模保育等への給付（「地域型保育給付」）を創設し、児童手当と合わせて、子ども・子育て支援給付とする。②認定こども園のうち、幼保連携型認定こども園について制度の改善を行い、認可・指導監督を一本化し、学校教育法に基づく学校および児童福祉法に基づく児童福祉施設として位置づける。そして、③基礎自治体である市町村が実施主体となり、地域の実情に応じて、幼児期の学校教育・保育、地域の子ども・子育て支援に必要な給付・事業を計画的に実施する。

3 地域の子育て支援と保育所・保育士の役割

　1960 年代の高度経済成長以降、都市化、核家族化、地域のつながりの希薄化等が進行する中、1970年代後半から育児不安の問題が取り上げられるようになった。1980 年代には育児期の母親の孤独感、閉塞感が指摘されはじめ、育児相談の展開や母親講座、家庭訪問、園庭開放など、地域の保育センターとして保育所を活用しようとする動きが出てきた。

　児童虐待への関心も高まっていく中、1993（平成 5）年、保育所地域子育てモデル事業が創設され、1995（平成 7）年に地域子育て支援センター事業に名称変更、親子の気軽な情報交換・交流の場として主に保育所に併設される形で、その整備が進められてきた。1997 年の児童福祉法改正では、保育所が地域住民に対して、その保育に関する情報提供や、乳幼児等の保育に関する相談・助言を行うことが努力義務となったことは先述のとおりである。これを受けて、1999 年に改訂された保育所保育指針には、「第 13 章　保育所における子育て支援及び職員の研修など」が設けられ、日々の保育で蓄積されてきた子育ての知識・経験・技術や保育所の場を活用して、一時保育や地域活動事業、乳幼児などの保育に関する相談・助言といった地域の子育て支援に努めることとされた。さらに、2001 年の児童福祉法改正では、保育士資格が法定化され名称独占の国家資格となり、その業務は「児童の保育及び児童の保護者に対する保育に関する指導」と規定された。

　その後、地域子育て支援センターに加えて、市町村等による単独の施設や子育て当事者活動として発展してきたつどいの広場など、親子の交流の場と

してさまざまな形のものが登場してきたが、2007（平成19）年、これらが再編・統合され、地域子育て支援拠点事業となり、2008（平成20）年には法定化された。2013（平成25）年度、前年の子ども・子育て関連三法の成立を受けてもう一度再編され、現在は、「一時預かり事業」、「延長保育事業」、「病児保育事業」等とともに、子ども・子育て支援法における「地域子ども・子育て支援事業」の一事業として位置づけられている。

　現在、子育て支援の対象は、妊娠期も含んだすべての子育て家庭に拡大している。それにともなって、各種専門職や公的機関・施設、さらには子育て経験者や子育て当事者など、多彩な人材が子育て支援を担うようになったが、保育所や保育士に対する期待もますます高まっている。

　2008年に改訂された保育所保育指針においては、保育所の役割の一つとして子育て支援があげられ、新たに設けられた「第6章　保護者に対する支援」では、支援の基本などが明示された。しかし、その後も子育て家庭への支援の必要性は高まり続け、それにともなって多様化する保育ニーズに応じた保育、特別なニーズを有する家庭への支援、児童虐待の発生予防および発生時の迅速かつ的確な対応、子育て支援に携わる他機関・団体などとの連携や協働の強化など、保育所に求められることは多様である。このような状況をふまえ、2018年、改訂前の「第6章　保護者に対する支援」は、「第4章　子育て支援」として改められ、記載内容の整理と充実が図られたところである。

第2節　子ども・子育て支援新制度における保育

1　子ども・子育て支援新制度における乳幼児の保育・教育の場

　2015年度から始まった子ども・子育て支援新制度では、幼児期の教育・保育の場として、従来の保育所、幼稚園、認定こども園（施設型保育）のほか、4種類の地域型保育が用意されている（表5-1、表5-2参照）。

　認定こども園については、2012年の子ども・子育て関連三法の成立によって、特に幼保連携型認定こども園が、学校教育法に基づく学校および児童福祉法に基づく児童福祉施設として位置づけられ、設置主体も私立の場合は学

表 5-1　施設型保育

施設名	根拠法	目的	設置主体	保育指針・教育要領	保育者
保育所	児童福祉法	保育を必要とする乳児・幼児を日々保護者の下から通わせて保育を行う	自治体、社会福祉法人、NPO 法人、企業等	保育所保育指針（厚労大臣告示）	保育士
幼稚園	学校教育法	義務教育およびその後の教育の基礎を培うものとして、幼児を保育し、幼児の健やかな成長のために適当な環境を与えて、その心身の発達を助長する	国、自治体、学校法人	幼稚園教育要領（文科大臣告示）	幼稚園教諭
認定こども園	認定こども園法	児童福祉法に基づく乳幼児を対象とした保育と、教育基本法に基づく３歳以上の就学前の幼児を対象とした教育を一体的に行うとともに、子育て支援も行う	国、自治体、社会福祉法人、学校法人	幼保連携型認定こども園教育・保育要領（内閣・文科・厚労大臣告示）	保育教諭

※認定こども園については、幼保連携型について記載した。
出典：筆者作成。

校法人と社会福祉法人に限定された。保育者は、保育士資格と幼稚園教諭免許の両方を取得し、保育士登録証の交付を受けた保育教諭とされたが、法施行後 5 年間は、幼稚園教諭免許か保育士資格のどちらか一方を保持する者も保育者として認める特例を設けていた。しかし、2018（平成30）年度時点でどちらか一方しか持たない保育者が 9660 人存在するため、この特例を、2024（令和 6）年度末まで 5 年間延長することとなった。

　地域型保育は、新制度において、市町村による認可事業（地域型保育事業）として、児童福祉法に位置づけられたものである。特に、待機児童が多く、施設の新設が困難な都市部、子ども数が減少傾向にあり施設の維持が困難である地域、施設までの距離が遠いなど利用が困難な地域における保育を確保する目的で創設された。待機児童が特に多い 3 歳未満児の保育で利用することが想定されている。

　家庭的保育は、家庭的保育者が、市町村からの委託を受けて、その家庭において子どもを保育するものである。家庭的保育者は、①保育士、もしくは、

表 5-2　地域型保育

名称	保育の実施場所	利用定員	保育者	実施主体等
家庭的保育	家庭的保育者の居宅、その他の場所、施設	5 人以下	家庭的保育者。家庭的保育者 1 人につき、保育する乳幼児の数は 3 人以下。4 人以上保育する場合は、別に家庭的保育補助者が必要	市町村からの委託により、家庭的保育者が実施する
小規模保育事業	保育者の居宅、その他の場所、施設	6～19 人	A 型…保育士 B 型…保育士、その他の保育従事者 C 型…家庭的保育者。家庭的保育者 1 人につき、保育する乳幼児の数は 3 人以下。ただし、家庭的保育者が、家庭的保育補助者とともに保育する場合には、5 人以下とする	市町村および民間事業者等
居宅訪問型保育事業	乳幼児の家庭		居宅訪問型保育者	市町村および民間事業者等
事業所内保育事業	事業所が設置する保育施設	19 人以下	小規模保育の A 型・B 型と同様	事業主（企業等の責任者）
		20 人以上	認可保育所と同様	

出典：筆者作成。

②看護師、幼稚園教諭、その他の者が研修を修了し、市町村長が家庭的保育者として適当と認める者、のいずれかに該当する者であって、市町村長が行う研修（「基礎研修」）を修了した者、である。家庭的保育補助者は「基礎研修」の修了が必要である。

　2018 年 4 月時点で、全国で 3951 人の子どもが家庭的保育を受けているが、保育を受けている子ども全体の 1 ％に満たない。厚生労働省は、これまで家庭的保育に対して、自宅の改修などの費用を補助していたが、さらなる支援策として、2018 年度、コンソーシアムコーディネーター（仮称）を配置するモデル事業を始めた。家庭的保育者が抱える不安や課題の解消を図り、保育に専念できる環境を整備することで、家庭的保育事業に参入しやすくすることがその目的である。コンソーシアムコーディネーターの業務は、共同での備品購入、連携施設からの給食提供調整、代替保育職員の調整、保育補助者

の雇用・管理、公定価格の請求等の事務処理、各事業者への巡回指導・相談支援、各事業者間の情報共有などである。

　小規模保育事業には、保育所分園に近いＡ型、家庭的保育に近いＣ型、その中間のＢ型の３種類がある。Ｂ型のその他の保育従事者とは、家庭的保育者の基礎研修と同等の研修を修了した者である。

　居宅訪問型保育事業は、①障害、疾患などで個別のケアが必要な場合、②施設がない地域で保育を維持する必要がある場合、③ひとり親家庭で保護者が夜勤勤務の場合などに、家庭の状況を勘案し、居宅訪問型保育の必要性があると認められれば、保護者の居宅で１対１の保育を行うものである。居宅訪問型保育者は、家庭的保育者の要件に加え専門研修を修了する必要がある。提供する保育の範囲によっては専門研修を必要としない場合もある。

　事業所内保育事業は、保育施設を設置した事業所の従業員だけでなく、地域の乳幼児も対象とする。

　これら地域型保育は、国が定める基準を踏まえ、市町村が条例として認可基準を策定し、認可する。

　地域型保育の課題は、いわゆる「３歳の壁」問題である。地域型保育を利用しても、子どもが３歳になると再び預け先を確保しなければならなくなるため、保護者は最初から認可保育所への入所を希望する。その結果、定員割れを起こす園もある。

　この問題の対策として、認可保育所の申請の際、地域型保育の利用者が一般の申請よりも先行して申請できる仕組みを設けた自治体もある。もし、落選した場合でも、一般の申請の時期にもう一度申請でき、選考の際には優遇もする。

　国も、2019（令和元）年度末までに連携施設を設けるよう事業者に求めた。連携施設の対象となるのは、地域内の認可保育所や幼稚園、認定こども園である。複数の施設を連携施設にすることや、連携施設側が複数の地域型保育事業の連携施設になることも可能である。居宅訪問型保育事業では、障害児入所施設も連携施設の対象になる。連携施設は、地域型保育事業に対して、卒園後の受け皿になるほか、保育内容の支援、給食の搬入、合同健康診断、

園庭開放、合同保育、行事への参加受け入れ、保育者の研修会への参加受け入れや急病の場合の代替保育などを行う。しかし、連携施設が確保できたとしても、自宅からの通いやすさや保育方針などが保護者のニーズと合致するとは限らないため、課題は残る。

2　施設型保育・地域型保育と保育認定

　子ども・子育て支援新制度では、保育の必要性を認定する仕組みが導入された。子どもの年齢や保育の必要性の有無等で1号認定から3号認定までのいずれかに認定される（表5-3参照）。

　保育を必要とする事由が認められると、2号認定もしくは3号認定となる。保育を必要とする事由として認められるのは、就労（フルタイムのほか、パートタイム、夜間、居宅内の労働など）、妊娠、出産、保護者の疾病、障害、同居または長期入院等をしている親族の介護・看護、災害復旧、求職活動（起業準備を含む）、就学（職業訓練校等における職業訓練を含む）、虐待やDV（ドメスティック・バイオレンス）のおそれがあること、育児休業取得中に、すでに保育を利用している子どもがいて継続利用が必要であること、そのほか、上記に類する状態として市町村が認める場合である。

表5-3　保育の必要性の認定

認定の種類	対象となる子どもの年齢	利用希望施設等	申し込み窓口	保育・教育時間	給付費
1号認定	満3歳以上	幼稚園認定こども園	利用を希望する園	教育標準時間（1日あたり4時間程度）	施設型給付費
2号認定	満3歳以上	保育所認定こども園	市町村	保育短時間（1日あたり8時間以下）もしくは保育標準時間（1日あたり8時間を超えて11時間まで）※時間の基準は市町村によって異なる	施設型給付費
3号認定	満3歳未満	保育所認定こども園地域型保育	市町村		施設型給付費もしくは地域型保育給付費

出典：筆者作成。

市町村は、2号認定・3号認定を受けた保護者の希望、施設の利用状況等に基づき、利用先の決定や、利用可能な施設の斡旋を行う。

　施設型給付費と地域型保育給付費は、本来、それぞれの保護者に給付する個人給付であるが、確実に学校教育・保育に要する費用にあてるため、実際には市町村から直接保育所等に支払われる。なお、私立保育所については、施設型給付ではなく、従来通り委託費が支給される。

第3節　保育をめぐる課題

1　待機児童問題

　待機児童とは認可保育所への入所を希望したものの、どこにも入れなかった子どものことである。2019年4月の時点での待機児童は1万6772人で、4年ぶりに減少した前年よりさらに減少している。しかし、自治体が独自で補助する認可外施設へ入所した場合、親が育児休業中である場合、特定の保育所のみを希望している場合、求職活動を休止している場合などは、待機児童から除かれている。そういった子どもたちは、「隠れ待機児童」といわれ、その数は7万人を超える。

　厚生労働省は、2002年度からの「待機児童ゼロ作戦」等に基づき、待機児童解消に取り組んできた。2013年4月に策定した「待機児童解消加速化プラン」では、2017（平成29）年度末までに、潜在的な保育ニーズも含め、約40万人分の保育の受け皿を確保し、待機児童をゼロにする、としていた。しかし2015年4月1日時点で、待機児童数が5年ぶりに増加した。また今後、女性の就業がさらに進むことが想定されることから、2017年の「子育て安心プラン」では、2017年度末までに53万人分、2020（令和2）年度末までに、約22万人分の保育の受け皿を整備し待機児童を解消するとした。そして、その後の2022（令和4）年度末までに、女性が出産・子育てで一旦退職する「M字カーブ」を解消し、女性就業率80％に対応できるよう、さらに約10万人分の受け皿を確保、待機児童ゼロの状態を維持することを目標にしている。

2　保育所設立をめぐる課題

　待機児童問題を解決する方法として、まず保育施設の増設があげられる。しかし、特に待機児童が多い都市部では、まとまった土地の確保が難しく、また確保できたとしても、周辺住民との折り合いがつかないこともある。周辺住民としては、音の問題や送迎時の混雑など、生活環境の変化に対して不安を感じるからである。

　解決策の一つとして、都市公園法が2017年に改正された。従来、公園内に設置できるのは遊具や災害用備蓄倉庫などに限られていたが、この改正により、敷地面積を公園の3割以下にするなどの条件で保育所開設が可能となった。国土交通省によると、公園保育所は2019年4月現在、全国に17カ所存在する。公園保育所の設立は、子どもたちと地域住民との交流が生まれコミュニティの場になるなど、保育所と地域住民双方にとってメリットがあるとされる。しかし、防犯上の対策や互いのニーズのミスマッチも考えられる。

　いずれにしろ、保育施設の新規設立に際しては、設置者と周辺住民との十分なコミュニケーションが必要であり、互いのニーズやアイディアを取り入れてともにコミュニティを創り上げていくような関係づくりから始めなければならないだろう。

3　保育士確保をめぐる課題

　保育士の確保も必須の課題である。保育士の確保が困難なため、都市部を中心に保育所新設を牽引してきた大手企業が、そのペースを抑制しはじめている。また既存の施設においても、子どもの受け入れを制限する施設も出てきている。各自治体や園の間では保育士の争奪戦が行われ、より条件の良い地域・園へ保育士が流れるため、安定的な保育士の確保が難しい自治体や園も出てきている。

　国は、2013年度より毎年保育士の賃金改善を図ってきた。さらに、2017年度においては、技能・経験に応じたキャリアアップの仕組みを構築し、経験年数がおおむね7年以上の中堅職員（副主任、専門リーダー）に対して月額4万円、経験年数がおおむね3年以上の職員（職務分野別リーダー）に対して月額

5000円の処遇改善を実施した。ただし、研修受講要件を満たさなければならない。研修分野は、マネジメント、障害児保育、保健衛生・安全対策などである。国から給付される処遇改善費は、対象となる経験年数の保育士数ではなく在園児数などを基準として給付される。さらに規定で満額4万円を最低4人に支給しなければならない。ここでまず、支給対象となる保育士が複数いても、その全員に公平に給付金を頭割りすることができないという問題が生じている。また、要件となる研修は長時間であり、その分の業務は賃金が上がらない他の保育士の負担となる。保育士間に不公平感が高まると、業務上のチームワークにも影響するのではないかと懸念する声もある。

　一方、保育士の業務の負担を軽減する取り組みもある。厚労省は「子育て安心プラン」において、補助金制度を設け、ICTの活用により、午睡中の園児の様子を確認する作業、保育計画書の作成などの業務の効率化を後押ししている。また、シニア人材等を保育補助者として活用し、朝と夕方の時間帯に限り、保育士の人員配置基準を緩和するという取り組みもなされている。

　さらに、保育士資格を持ちながら現在保育士として仕事をしていない、潜在保育士の再就職を支援する取り組みもある。厚労省は、潜在保育士を約76万人と推計し、再就職準備金を創設したが、潜在保育士の中には、子育て等で長時間働くことが困難な人もいる。潜在保育士の活用には、保育現場における柔軟な働き方の実現が不可欠である。

　このほか、保育士試験の年2回実施の推進、保育士を目指す学生に対する奨学金制度の拡充といった支援が取り組まれている。

4　企業主導型保育事業をめぐる課題

　待機児童の受け皿を確保するため、2016（平成28）年度、子ども・子育て支援法の一部を改正する法律が施行され、企業が主体となって事業所内保育を整備する企業主導型保育を推進することとなった。企業主導型保育事業は、全国の企業が負担する拠出金を原資とし、従業員の多様な働き方に応じた柔軟な事業所内保育を行う事業所に対し、整備費や運営費を助成するものである。「柔軟な事業所内保育」とは、延長・夜間、土日の保育、短時間・週2日

のみの利用も可能にするほか、複数の企業での共同設置など、認可保育所では難しい自由度の高い保育をさす。地域の子どもの受け入れも半数まで可能である。認可外保育施設指導監督基準を守ることを条件に、整備費については認可保育所と同水準、運営費については小規模保育事業等と同水準の助成を受けることができる。設置に際して、自治体の認可は必要ないが、国が定めた実施機関が、助成に関する審査および設置後の調査（原則年1回）を行う。自治体による立ち入り調査も行われる。利用は、保護者と企業主導型保育所の直接契約となり、保育料は国が示した基準をもとに、各施設が決定する。

　2018年度末で助成が決定した施設は、3817施設であるが、内閣府によると、2016〜2017年度については、助成金の交付を決めた企業主導型保育所のうち、約1割の252施設が撤退している。

　理由の1つとして、企業側の安易な参入があげられる。この制度の趣旨を十分理解せず、安易に保育事業に参入できる手段と考え、従業員の子どもではなく地域の子どもをターゲットに開設したり、ニーズ調査が不十分なまま待機児童が減少している地域に設置する企業も少なからずあった。助成金は園児数に応じて支給されるため、園児が集まらないとすぐに経営が悪化し、閉園に追い込まれる。

　この事業の運営体制の問題も指摘されている。2017年度までは審査がかなり甘く、ニーズが不透明な事業者も助成金を受けていた。助成金を不正に受け取ったまま施設を開園しない悪質ケースもあった。また、助成の審査等を行う機関の事務処理が追いつかず、助成金の交付が大幅に遅れたことも影響した。さらに、市町村が関与する仕組みがないため、保育の供給量を調整することができなかった。

　これらの事態に対して、国は、実施要綱を見直し、2019年度から実施することとした。

5　幼保無償化をめぐる問題

　2018年6月、閣議決定した経済財政運営の指針「骨太方針」では、教育を受ける機会を保障するとともに、子育て世帯の負担軽減を図ることで少子化

対策につなげるため、3〜5歳までのすべての子どもたちの幼稚園、保育所、認定こども園の費用（教育費・保育料）を無償化すると明記された。これを受けて、子ども・子育て支援法が改正され、2019年10月から実施されている。財源は、同時期に10％に引き上げられた消費税の増収分である。0〜2歳児については、住民税非課税世帯に限り無償化の対象となる。認可外保育施設にも上限を設けて補助する（3〜5歳児の場合上限3万7000円、住民税非課税世帯の0〜2歳児の場合上限4万2000円）。これは、認可保育所に入れずやむを得ず認可外保育施設を利用している保護者に不公平感が生じないようにするための措置である。したがって、補助を受けるには「保育の必要性の認定」を受ける必要がある。また、園側も、国が定める基準をもとに、市町村が条例により定める基準を満たす必要がある。

　この制度の実施については、疑問視する声も少なくない。

　認可保育所の場合、もともと生活保護世帯や住民税非課税世帯は、保育料が無料もしくは低額であった。そのため、無償化実現に必要な費用の多くが高所得層のために使われることになる。一方、消費税は所得に関係なく、また子どもが無償化の対象年齢でなくても支払うものである。住民税非課税世帯とそれに準じる低所得世帯には、高等教育の無償化（給付型奨学金の支給の拡充等）も実施されるものの、高所得層に偏った制度であるとの批判がある。

　また、待機児童問題が解消されない中、子どもの預け先が確保できない人には無償化の意味はなく、かえって保育所入所を希望する保護者の増加を招くことになるのではないかと懸念されている。

　無償化自体は悪いことではないが、保育園の増設や定員枠の拡大、保育士の確保が先ではないのか、との批判が出ているように、限られた財源を何に優先的にあてていくのか、今後も慎重に検討していく必要がある。

第4節　多様な子育てニーズと地域子ども・子育て支援

1　地域子ども・子育て支援事業

　子ども・子育て支援法（第59条）では、子どもを育てるすべての家庭の多

様な子育てニーズに対応するため、市町村が地域子ども・子育て支援事業として以下の13事業を実施することとしている。

1）利用者支援事業

子ども及び保護者等の身近な場所で、教育・保育・保健その他の子育て支援の情報収集および必要に応じて相談・助言等を行うとともに、関係機関等との連絡調整等を実施する事業である。基本型、保育コンシェルジュともいわれる特定型、母子保健型の3類型がある（表5-4参照）。

利用者支援とは、当事者目線で相談支援を行い、子育て支援に係る施設や事業等の利用につなげることである。地域連携とは、地域のさまざまな関係機関とのネットワークの構築や、必要な社会資源の開発等を行うことである。

母子保健型は、2014年に創設された妊娠・出産包括支援モデル事業における「母子保健相談事業」が、2015年度より消費税財源を活用して拡充されたものである。保健師等の母子保健の専門職が、妊娠期から子育て期にわたるまでの継続的な相談支援を行う。

2）地域子育て支援拠点事業

家庭や地域における子育て機能の低下や、子育て中の親の孤独感や負担感

表5-4　利用者支援事業

類型	内容	実施場所	職員配置
基本型	利用者支援と地域連携	行政窓口以外で親子が継続的に利用できる施設 例）地域子育て支援拠点事業	利用者支援専門員を1名以上配置
特定型（保育コンシェルジュ）	利用者支援（地域支援は行政機関が担う。）	行政機関の窓口等	
母子保健型	母子保健や育児に関する相談 相談者の状況の継続的な把握と、利用できる母子保健サービス等の情報提供、関係機関の協力による支援プランの策定など	市町村保健センター等	母子保健に関する専門知識を有する保健師、助産師等を1名以上配置

出典：筆者作成。

表 5-5　地域子育て支援拠点事業

類型	実施形態	実施場所	開設日数等	支援者
一般型	基本事業を、親子がうち解けた雰囲気の中での語り合いや交流ができる常設の場を設けて実施	公共施設空きスペース、商店街空き店舗、民家、マンション・アパートの一室、保育所、幼稚園、認定こども園等	週3〜4日、週5日、週6〜7日 1日5時間以上	子育て支援に関する意欲と、子育てに関する知識・経験を有する者（2名以上）
連携型	基本事業を、児童福祉施設の職員等のバックアップを受けて効率的かつ効果的に実施	児童館等の児童福祉施設等	週3〜4日、週5〜7日 1日3時間以上	子育て支援に関する意欲と、子育てに関する知識・経験を有する者（1名以上）児童福祉施設等の職員が協力

出典：筆者作成。

の増大等に対応するため、①子育て親子の交流の場の提供と交流の促進、②子育て等に関する相談、援助の実施、③地域の子育て関連情報の提供、④子育ておよび子育て支援に関する講習等の実施、を基本事業として実施する事業である。一般型と連携型の2類型がある（表5-5参照）。

3）妊婦健康診査

妊婦の健康の保持および増進を図るため、妊婦に対する健康診査として、①健康状態の把握、②検査計測、③保健指導を実施するとともに、妊娠期間中の適時に必要に応じた医学的検査を実施する事業である。

4）乳児家庭全戸訪問事業

生後4カ月までの乳児のいるすべての家庭を訪問し、次の支援を行う事業である。①育児等に関する様々な不安や悩みを聞き、相談に応じるほか、子育て支援に関する情報提供等を行う。②親子の心身の状況や養育環境等の把握および助言を行う。③訪問結果により支援が必要と判断された家庭について、適宜、関係者によるケース会議を行い、養育支援訪問事業をはじめとした適切なサービスの提供につなげる。訪問スタッフには、保健師、助産師、看護師、保育士、児童委員、子育て経験者等を幅広く登用する。

5）養育支援訪問事業・子どもを守る地域ネットワーク機能強化事業
（その他要保護児童等の支援に資する事業）

　養育支援訪問事業は、乳児家庭全戸訪問事業などにおいて、保護者の養育を支援することが特に必要と判断された場合、保健師・助産師・保育士等がその家庭を訪問する事業である。産褥期の母子に対する育児支援や簡単な家事等の援助、未熟児や多胎児等に対する育児支援・栄養指導、養育者に対する身体的・精神的不調状態に対する相談・指導、若年の養育者に対する育児相談・指導、児童が児童養護施設等を退所後にアフターケアを必要とする家庭等に対する養育相談・支援等を行う。

　子どもを守る地域ネットワーク機能強化事業（その他要保護児童等の支援に資する事業）は、要保護児童対策地域協議会（子どもを守る地域ネットワーク）の機能強化を図るため、調整機関職員やネットワーク構成員（関係機関）の専門性強化と、ネットワーク機関間の連携強化を図る取組を実施する事業である。訪問事業と連携し、児童虐待の発生予防、早期発見・早期対応に資することを目的としている。

6）子育て短期支援事業

　母子家庭等が安心して子育てをしながら働くことができる環境を整備するため、一定の事由により児童の養育が一時的に困難となった場合に、児童を児童養護施設等で預かる事業である。短期間預かる短期入所生活援助（ショートステイ）事業と、夜間預かる夜間養護等（トワイライトステイ）事業がある。

7）子育て援助活動支援事業（ファミリー・サポート・センター事業）

　乳幼児や小学生等の子どもを子育て中で援助を受けることを希望する者と、子育てが落ち着いた地域住民など当該援助を行うことを希望する者との相互援助活動に関して、連絡、調整を行う事業である。援助例として、保育施設までの送迎、保育施設の開始前や終了後または学校の放課後の預かり、保護者の病気や急用、冠婚葬祭、他の子どもの学校行事、買い物等の外出時の子どもの預かりなどがある。

8）一時預かり事業

　家庭において一時的に保育を受けることが困難になった乳幼児を、主として昼間において、保育所、幼稚園、認定こども園、地域子育て支援拠点等で、一時的に預かり、必要な保護を行う事業である。特に幼稚園における預かり保育については、補助を充実させ、待機児童の受け入れ先として活用することを推進している。

9）延長保育事業

　保育認定を受けた子どもについて、通常の利用日および利用時間以外の日および時間において、保育所等で引き続き保育を実施する事業である。

10）病児保育事業

　病気の子どもについて、病院・保育所等に付設された専用スペース等において、看護師等が一時的に保育等を行う事業である。

11）放課後児童健全育成事業（放課後児童クラブ）

　保護者が労働等により昼間家庭にいない小学校に就学している子どもに対し、授業の終了後等に小学校の余裕教室や児童館等において適切な遊びおよび生活の場を与えて、その健全な育成を図る事業である。

　2014年、1クラスの定員や職員配置、職員の資格などの基準が厚労省令により定められたが、山間地や、都市部でも夕方以降の時間帯などは利用児数が少ないなど現場の実情はさまざまであり、また人材不足も深刻化している。全国一律の基準ではなく、地域の実情に応じて基準を定められるような仕組みが求められている。また、乳幼児の保育同様、待機児童解消が課題となっている。厚生労働省によると、2019年5月時点で待機児童は1万7279人であり過去最多であった。

12）実費徴収に係る補足給付を行う事業

　生活保護世帯など保護者の所得の状況等を勘案して、特定教育・保育施設等に対して保護者が支払うべき日用品、文房具その他の教育・保育に必要な物品の購入に要する費用または行事への参加に要する費用等を助成する事業である。補足給付の基準額は、給食費における副食材料費（1号認定のみ）は4500円、教材費・行事費等は2500円である。

13）多様な事業者の参入促進・能力活用事業

主な事業内容は以下の２つである。

①新規参入施設等への巡回支援　　多様な事業者の能力を活用し、地域ニーズに即した保育等の事業を拡大することを目的とした事業である。保育所、小規模保育事業、認定こども園、一時預かりや地域子育て支援拠点事業などの子育て支援事業に新規に参入する事業者であって、市町村が支援の必要性を認めた事業者（以下、新規参入事業者）を対象とする。市町村は支援チームを作り、新規参入事業者に対し、事業の推進状況等に応じて、次の５つの支援内容から１つ以上を選択し実施する。①事業開始前に必要となる相談・助言、②事業開始後に事業運営が軌道に乗るまでの間に必要となる相談・助言、③小規模保育事業への新規参入者に対する、連携施設のあっせん等、④小規模保育の連携施設に係る経過措置として、支援チーム自らが連携施設に代わって行う巡回支援、⑤その他、新規参入事業者が円滑に事業を実施するために、市町村が適当と認めた支援。

②認定こども園特別支援教育・保育経費　　私学助成（特別支援教育経費）や障害児保育事業の対象とならない特別な支援が必要な子どもを私立認定こども園で受け入れる場合に、職員（幼稚園教諭免許状又は保育士資格を有する者）の加配に必要な費用を補助することで、子ども一人ひとりの状態に応じた適切な教育・保育の機会の拡大を図ることを目的とした事業である。当該園において、私学助成（特別支援教育経費）または障害児保育事業の対象となる子どもを含んだ２人以上の障害児を受け入れていることが補助要件となっている。

2　多様な子育てニーズと包括的支援

以上のように、多様な子育て家庭のニーズに応えてさまざまな支援メニューが用意されてきている。また、第２節で述べたように、乳幼児の保育・教育の場も多様である。一見充実しているように見えるが、これらの中から、各家庭が子どもの成長や生活状況の変化に応じて、その都度必要な支援を選び出していくのは簡単ではない。特に、複雑な事情を抱えている家庭

においては複数の支援が必要となるが、そのような家庭ほど、地域で孤立しており支援にたどりつかないことが多い。今求められているのは、個々の家庭のニーズと支援とを、子どもや保護者の意志を大切にしながらつないでいくことである。利用者支援事業はその一端を担うものであるが、さらなる利用者支援の形が整備されつつある。

　先述の妊娠・出産包括支援モデル事業を母体として、子育て世代包括支援センターが構想され、2016年の閣議決定「ニッポン一億総活躍プラン」においては、2020年度末までに全国展開を目指す、とされた。子育て世代包括支援センターとは、妊娠期から子育て期にわたり、妊産婦や子育て家庭の個別のニーズに、「専門的な知見」と「当事者目線」の両方の視点から、切れ目なくワンストップで総合的相談支援を提供する拠点のことである。利用者支援事業の基本型や母子保健型、従前の市町村保健センターにおける妊娠・出産期の支援の取り組みなどを中核として実施されることが想定されているが、既存の取り組みをどのように組み合わせて実施するかは、各市町村が地域の実情に応じて選択することとしている。2019年4月1日現在、子育て世代包括支援センターは、983の市区町村において、1717カ所で実施されている。

　このようにして、乳幼児の保育・教育、地域の子育て支援、母子保健など子育て家庭が必要とする支援が一つにまとまりつつある。しかし、高齢者や障害のある家族の介護もしている子育て家庭があることや、障害のある子どもや虐待を受けた子どもなどの、生涯を通じたケアと自立支援の必要性を考えると、高齢者や障害者を対象とした地域包括ケアシステム、その他の生活支援の取り組みとも連携した包括的な拠点に発展していくことが求められる。

【引用・参考文献】

厚生労働省編『厚生労働白書』平成11年版～30年版

厚生労働省『「子育て安心プラン」について』（第7回　社会保障制度改革推進会議（2017年6月22日）厚生労働省提出資料）

国土交通省都市局公園緑地・景観課「地域住民も子どもも元気になる公園保育所のOPENに向けて」2018年3月発行リーフレット

内閣府子ども・子育て本部「子ども・子育て支援新制度について」2019年6月

第6章

現代家族と社会的養護

第1節　社会的養護のニーズと体系

1　社会的養護とは

　本章では、要保護児童（保護者のない児童または保護者に監護させることが不適当であると認められる児童）に対する支援として、社会的養護を説明していくこととする。社会的養護という用語とその定義に関しては、児童福祉法に明示されていないが、国の審議会などが出した文章や、保育士養成の指定科目、政策説明の文書ではたびたび使用されている。それらをまとめると、保護者の病気、経済的困難、家出、離婚、暴力、虐待など、そのほかさまざまな事情により家庭で暮らせない、養育できない子どもたちを、代替的な環境で養育することをいう。また、そのような事情で、父親と母親と子どもの共同生活が難しい場合、母子を受け入れ養育することも含まれる。その対象児童数は、約4万5000人である。本章ではそれを前提に社会的養護について説明し、新しく提唱されている「社会的養育」についても紹介していく。

2　社会的養護の体系

　社会的養護の定義に基づき、体系を示すと図6-1の通りとなる。広義には在宅における家庭養育とその支援の在宅養護も含まれるが、これらは「地域子育て支援」について記した第5章に譲る。なお、筆者は障害児入所施設も社会的養護の施設養護に含めているが、その理由は、障害児入所施設の場合、入所経路は、家庭からが一番多いが、児童相談所からの措置入所者は、その原因に保護者等の虐待もしくはその疑い、家庭からの入所者は、保護者の養

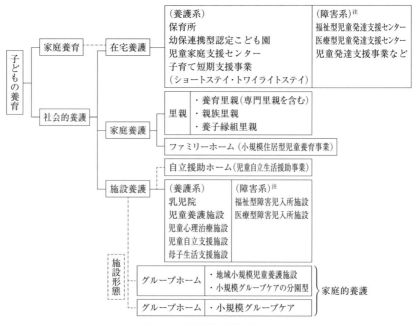

図6-1　社会的養護の体系

注：障害系施設は、療育や治療的ケアと併せて養護の役割を担う。
出典：吉村美由紀「Chapter 8　社会的養護を必要とする子どもへの福祉施策」堀場純矢
　　　編集、喜多一憲監修『児童家庭福祉』（みらい×子どもの福祉ブックス）、2017年、
　　　127ページより一部修正。

育力不足が一番多いためである（厚生労働省「障害児入所施設の在り方に関する検
討会」が、2019年3月に発表した「障害児入所施設の現状」による）。

　本章では「狭義」の社会的養護である、家庭養護、施設養護のサービスに
ついて述べていくこととする。なお、障害児を対象とした社会的養護の施設
は、第3章で説明しているので省略する。

1）家庭養護

　要保護児童を家庭環境で養育する社会的養護である。児童福祉法に定めら
れている具体的な養護は「里親制度」や「ファミリーホーム」である。なお、
養子縁組制度も子どもの福祉を目的に活用される場合は、社会的養護および

社会的養育に関連する施策として推進するとしているため、本章で取り上げることとする。

　日本の社会的養護において、里親等委託率（代替養育を受けている子どものうち里親およびファミリーホームへ委託されている子どもの割合）は、厚生労働省「福祉行政報告例」によると、全国平均で 19.7 ％（2017 年度末）で、10 年間で約 10 ％伸びているが、諸外国の場合は 7〜8 割が里親であることと比べると低い。

　そのような状況を踏まえ、本章や第 3 章で述べたように、2017（平成 29）年、厚生労働省の有識者会議は「新しい社会的養育ビジョン」を示した。今後推進をする代替養育（社会的養護および社会的養育）の柱として、養子縁組や里親制度等の「家庭養護」を掲げている。具体的には、親元で暮らせない子ども（18 歳未満）のうち、未就学児の施設入所を原則停止する方針を明らかにした。その理由は、乳幼児期においては愛着形成が重要で、安定した里親と里子、他の家族親子関係、家族関係の中で養育することが、子どもの発達ニーズに応え、子どもの成長発達に良い影響をもたらすと考えられるためである。3 歳未満については概ね 5 年以内に、それ以外の就学前の子どもについては概ね 7 年以内に里親委託率 75 ％以上を実現し、学童期以降は概ね 10 年以内を目途に里親委託率 50 ％以上とすることを目指している。なお、社会的養護の支援を受けることができる子どもの年齢は、原則 18 歳までだが、就学などの理由による措置延長として 20 歳まで、さらに社会的養護自立支援事業の利用者として、22 歳まで延長することができる。

　①里親制度　　里親制度は、児童福祉法第 6 条の 4 および第 27 条第 1 項第 3 号の規定に基づき行われる社会的養護で、図 6-2 の通り 4 類型が定められている（概要は第 3 章参照）。

　運用上の詳細は、厚生労働省が定めた「里親運営要綱」および「小規模住居型児童養育事業（ファミリーホーム）実施要綱」によって定められており、里親の場合、都道府県から子どもの養育費と教育費が支給され、養育里親のみ里親手当が支給される。ファミリーホームの場合は、事業費と事務費が支給される。費用は国と都道府県がそれぞれ 2 分の 1 を負担する。

種類	養育里親	専門里親	養子縁組里親	親族里親
対象児童	要保護児童	次に挙げる要保護児童のうち、都道府県知事がその養育に関し特に支援が必要と認めたもの ①児童虐待等の行為により心身に有害な影響を受けた児童 ②非行等の問題を有する児童 ③身体障害、知的障害又は精神障害がある児童	要保護児童	次の要件に該当する要保護児童 ①当該親族里親に扶養義務のある児童 ②児童の両親その他当該児童を現に監護する者が死亡、行方不明、拘禁、入院等の状態となったことにより、これらの者により、養育が期待できないこと
登録里親数	9,592世帯	702世帯	3,781世帯	560世帯
委託里親数	3,326世帯	196世帯	299世帯	543世帯
委託児童数	4,134人	221人	299人	770人

※里親数・児童数は福祉行政報告例（2018年3月末現在）

里親に支給される手当等	里親手当 （月額） 養育里親 86,000円（2人目以降は43,000円） 専門里親 137,000円（2人目以降は94,000円） ※2017年度に引き上げ（それ以前は児童1人当たり、養育里親72,000円、専門里親123,000円） 一般生活費（食費、被服費等。1人当たり月額）乳児58,570円、乳児以外50,800円 その他（幼稚園費、教育費、入進学支度金、就職支度費、大学進学等支度費、医療費、通院費等）

図6-2　里親制度の体系

出典：厚生労働省子ども家庭局家庭福祉課「社会的養育の推進に向けて」2019年4月、117ページより一部修正。

　なお、ファミリーホームは、里親の大規模版といえるもので、養育する人数が多い分、子ども間の相互作用を活かしつつ、子どもの自主性を尊重し、基本的な生活習慣を確立するとともに、豊かな人間性および社会性を養い、子どもの自立を支援することを目的としている。歴史的には、施設養護という側面もあり、施設として解釈されることもあったが、2009（平成21）年に自治体で独自で行っていた里親等によるグループホーム事業を法制化し、2012（平成24）年の児童福祉法施行規則の改正により従来の「小規模住居型児童養育事業所」から「小規模住居型児童養育事業を行う住居（ファミリーホーム）」と、「管理者」は「養育者」と称することとし、施設的な印象を排除し、家屋

表6-1 児童養護施設と家庭養護（里親・ファミリーホーム）虐待の発生比率
の比較

		児童養護施設	里親・FH
2009〜2017年度 合計（2011年度除く）	現員数（人）	176,089	30,308
	虐待数（人）	273	62
	発生率	0.155 %	0.205 %
	発生率比較（倍率）	1.00	1.32

注：ほぼ毎年度出される「社会的養護の現状について」および「被措置児童等
　　虐待への各都道府県市の対応状況について」から算出。
出典：筆者作成。

に住み込み、家族の延長線上にある養育であることを明確にした。

　なお、措置を受けている子どもの措置中における虐待については、厚生労
働省の「被措置児童等虐待への各都道府県市の対応状況について」と「社会
的養護（養育）の現状について」からひも解くことができる。2017年度の結
果として、全施設で99件虐待が発覚しており、そのうち、児童養護施設で、
64件（64.5 %）、里親・ファミリーホームで12件（12.1 %）だったが、措置児
童数に対しての比率は、児童養護施設で約0.25 %、里親・ファミリーホーム
で約0.22 %と大きく変わらない。しかし、筆者の調べによると、2009年度か
ら、2017（平成28）年度で措置児童数に対しての比率を比較した場合、表6-1
の通りとなる。里親・ファミリーホームでの虐待は、児童養護施設に比べ約
1.3倍発生率が高いことが分かる。必ずしも、家庭養護が、安全で適切な養育
とは限らないとも言える数字である。里親・ファミリーホームの今後の課題
としては、里親の数の確保をした上で、子どもと養育者のマッチングや子ど
もに合わせた養育の内容にも目を向け、養育継続支援の体制を確保すること
である。つまり、子どもにとって最適な里親への委託ができ、養育継続を図
ることができるよう、里親の子育て支援、相談支援、アウトリーチ体制の確
保も重要な課題であると言える。

　②特別養子縁組制度　　民法の養子縁組制度のうち、実親による子どもの
監護が著しく困難または不適当であること等の事情がある場合において、子
どもの利益を守り、福祉を確保することを目的に創設された制度を「特別養

子縁組」という。養子となる子どもの実親 (生みの親) との法的な親子関係を解消し、実の子と同じ親子関係を結び、子どもの養育を実の親子関係と同等な環境で行えるようにする制度である。養親となる方が家庭裁判所に審判を請求 (申し立て) し、審判を受け、認められることで成立するもので、その成立には、①実親の同意 (実父母による虐待、悪意の遺棄その他養子となる者の利益を著しく害する事由がある場合は、実父母の同意は不要)、②養親となるには配偶者のいる者 (夫婦) でなければならず、養親となる夫婦の一方が25歳以上であり、もう一方は20歳以上であること、③養子になる子どもの年齢は6歳未満であること (ただし、6歳に達する前から養親となる者に養育されていた場合には、8歳に達する前までは可)、以上3つの要件を満たし、縁組成立前に養親となる予定の者が養子になる予定の子どもと6カ月以上一緒に暮らし、養育し、その状況等を考慮して、家庭裁判所に認められる必要がある。

　なお、法改正により、2020 (令和2) 年4月より、上記の③の要件の上限年齢が、15歳に引き上げられ、15歳に達する前から養親候補者が継続して養育している場合や、やむを得ない事由により15歳までに申し立てできない場合は、18歳未満であれば申し立ておよび審判を受けることが可能となった。

　ただし、養子候補者が審判時に15歳に達している場合には、養子候補者本人の同意が必要であり、15歳未満の者についても．その意思を十分に考慮しなければならないとされている。なお、15歳以上の者が養子になる縁組は、本人の同意に基づく基本的には従来かつ一般的な縁組である「普通養子縁組制度」が運用されている。

2) 施設養護

　要保護児童を専用の建築物で、職員によって養育する社会的養護である。児童福祉法に定められ、保護者に代わって要保護児童を委託先の居住施設環境で養育することをいう。

　社会的養護の施設養護の主なものには「乳児院」「児童養護施設」「児童心理治療施設」「児童自立支援施設」「自立援助ホーム」「福祉型障害児入所施設」がある。第3章では、上記の「自立援助ホーム」以外の各施設の説明をしているので参照されたい。なお「自立援助ホーム」は、児童福祉法第6条

の3第1項および第33条の6に位置づけられている「児童自立生活援助事業」のことである。義務教育終了後の15歳から20歳までの児童のうち、他の社会的養護（児童養護施設、里親、児童自立支援施設など）の措置を解除された児童、家庭がない、家庭にいることができない都道府県知事が認めた青少年が入所して、自立生活をめざすための支援および生活指導を行う施設である。形態としては家屋を改造したものなど個室の集合体に共有部分を設けて共同生活をする設計となっている。厚生労働省家庭福祉課調べで、2017年10月1日現在、施設数154カ所、定員1012人、現員573人である。

　なお、近年では、虐待を受けた子どもたちの入所が目立っており、情緒の安定、成長・発達環境の保障の観点からも施設の小規模化を進めている。例えば、児童養護施設等の養育形態については、建物の建て方に個別の差があるが、大まかに「大舎制」（定員20名以上）、「中舎制」（定員13〜19名）、「小舎制」（定員12名以下）の3つに分けられていた。かつては全国の児童養護施設の約7割が「大舎制」で運営され、これは、戦後の浮浪児の保護と養育の時期に増加し、一般化した体制である。1990年代後半以降は、家庭的な環境に近づけて、集団生活や収容という観点から脱却させる政策が進められている。例えば、「中舎制」を発展させ、施設内を小グループに分ける「ユニットケア（10名弱程度）」、それよりも少人数の「小規模グループケア（原則6人）」、本体施設とは別に地域の一戸建て住宅等に子ども（定員6名）と職員が生活する「地域小規模児童養護施設（グループホーム）」も、補助金制度を導入しながら数を増やしてきている。

　そして、「新しい社会的養育ビジョン」においては、就学前の入所施設への新規措置を停止しフォスタリング機関を全国整備し、里親委託、特別養子縁組の斡旋・推進等の家庭養護を推進するとした一方、通常は施設入所しながらも実家庭での養育を組み合わせることや、実家庭での養育が中心としながらも必要に応じて施設入所や治療施設を利用することなどの在宅（里親含む）と施設の両者の機能を有効かつ柔軟に活用しながら、子どもに安定した養育とその環境を提供し、親子関係の再構築や、適切な親子関係の維持向上、家庭生活の継続をめざした援助を推進することも示している。特に、就学前

の子どもの支援を担ってきた乳児院では、専門的養護とフォスタリングの推進を強く打ち出す方向性である。具体的には、健常な乳幼児ではなく、被虐待児、病児、障害児を保護したり、看護師らによる医療的なケアを施しながら養育したりする「専門的な養育機能」と、被虐待児等の一時保護委託を担う「一時保護機能」を中心に、家庭復帰の早期促進、親子関係構築支援（家族再統合）、家庭環境の改善のための「保護者支援とアフターケア機能」、育児相談や短期入所生活援助（ショートステイ）事業、夜間養護等（トワイライトステイ）事業の実施等「地域の子育て支援機能」を実施するなど、地域における子育て支援、親子関係の再構築（家族再統合）として、短期入所が重要な役割の一つになりつつある。また、厚生労働省「児童養護施設入所児童等調査の結果」(2013〔平成25〕年) では、乳児院の約2割の子どもたちは保護者との交流がなく、半数の入所児童が、退所後も社会的養護のもとにいるため、今後は、入所後のフォスタリング支援も重要な役割となっていくと思われる。上記の内容を踏まえ、特に、2019 (令和元) 年9月に、『乳幼児総合支援センター』として、上記の機能のほかに病児・虚弱児の対応を行う「小規模養育支援機能」、産後期を中心に養育困難を抱える親やその子どものケアや子育て支援を行う「要保護児童等予防的支援機能」をもった機関としての再編をめざすとして報告書をまとめている。

　社会的養護の施設養護は、基本的には18歳まで、最大延長で20〜22歳までしか生活できない。児童養護施設運営指針などでは、主な機能として「生活指導」「学習指導」「家庭環境調整」「職業指導」があげられている。援助の展開としては、入所直前直後の児童相談所との連携で行う「アドミッションケア」、施設での生活や情緒面の支援の「インケア」、自立に向けた支援の「リービングケア」、退所後の支援の「アフターケア」の4段階のケアがある。

　特に、虐待を受けて入所した子どもを中心に、退所後に生活困難、心理的困難、対人関係の困難を抱えやすいことが課題となっている。施設の援助方針を記載したものが「自立支援計画」と書かれるように、退所後の生活を想定した援助（リービングケア）と、退所後の継続的な子どもへの支援（アフターケア）にも注力し、子どものパーマネント、つまり人生の継続性の保障、心

の安定と継続性にも主眼を置いた支援が行われている。これらは、専門的援助の一つとして、家庭養護にはない、施設養護ならではの機能として期待されている。

3）社会的養育

　上記で述べたように、社会的養護の施策は、可能な限り家庭的な環境に近づけられてきた。この施策は、2011（平成23）年7月の「社会的養護の課題と将来像」にともなって、各施設が定める「家庭的養護推進計画」と都道府県が定める「都道府県推進計画」に基づき実施されてきた。その流れで、2017年3月に厚生労働省の「新たな子ども家庭福祉の在り方に関する専門委員会」の報告において、社会的養護の利用者等に対する継続的な支援の仕組みの整備の必要性について、具体的な制度の検討が提言された。

　それを踏まえ、2017年5月に「児童福祉法等の一部を改正する法律」が成立し、2017年8月に「新しい社会的養育ビジョン」を公表し、社会的養護を含む、子ども家庭福祉全般と連携した、新しい子どもの養護施策の概念として「社会的養育」を提言した。柏女霊峰は、著書『これからの子ども・子育て支援を考える─共生社会の創出をめざして』において、社会的養育について、「私的養育を支援することから家庭で養育できない程度に応じて子どもの養育を社会的・公的に代替する代替養育までも含めて、社会全体で子どもを養育するシステムの体系を言う。それは、私的養育から代替養育までの連続的な支援の営みであり、かつ、代替養育から家族再統合や特別養子縁組等により、再び私的養育につながる循環的な営みでもある」と定義している。つまり、親子や家庭への介入と専門的な支援を行う「要保護児童支援施策」と、その児童がいる家庭への支援、一般の子ども家庭支援を中心とする子育て支援施策、さらには、特定妊婦（児童福祉法第6条の3の養育支援訪問事業を行う対象者の一つで「出産後の養育について出産前において支援を行うことが特に必要と認められる妊婦」）への支援を含めた、妊娠期からの家庭と子どもの支援施策を、市町村を中心に重層的に統合・連携させていく施策が「社会的養育」である。社会的養護は、社会的養育、地域子育て支援と統合・連携され、ソーシャルワークを基軸に、家庭環境、成育・発達環境の状況に応じて、子どもの将来

を考えた、家庭をベースにした、人間の尊厳の尊重と権利擁護、発達保障、社会適応と自立支援をベースにした包括支援システムの一翼として提供されていくこととなるだろう。また、社会的養護を担っている施設は、退所後の里親支援にも重点をおき、里親支援専門相談員を配置するといった入所児童への退所・地域移行支援を担っている。今後は、併設されている児童家庭支援センターの充実などを通して、地域の里親と里子の支援や、地域に暮らす一般の親の相談援助などの地域子育て支援の拠点として役割を担っていくことが期待されている。

第2節　児童虐待の現状とその対応

1　子ども虐待

1）子ども虐待の種類と内容

　法的には「児童虐待」と呼んでおり、児童虐待防止法により、その種類と定義が定められている (第3章参照)。英語では「child abuse（チャイルド・アビューズ)」と言われている。子どものしつけをしようとしたり、親子関係の難しさや子育ての苦悩の中で、または親の生活上のストレスや精神不安定の中で子どもの弱さを乱用してしまうことを意図して表現されている。

　法的には、身体的虐待、性的虐待、心理的虐待、ネグレクトの4種類を児童虐待と定義している。

　①**身体的虐待**　　保護者が子どもに、身体的な暴行をすることをいう。殴る、蹴る、やけどをさせる、異物を飲み込ませる、戸外に閉め出す、風呂に沈める、刃物で切るなどを通して身体的傷害を負わせること、死に至らしめることをいう。目に見えやすく発覚しやすいが、服の下に隠れていたり、家庭内の事故と区別がつきにくいケース、虐待者である保護者が事故として隠ぺいするケースもあることから、発見が遅れ、死に至るケースも見られる。

　②**性的虐待**　　子どもへの性交や、性的な行為の強要、子どもに性器や性交を見せる、性的描写の被写体にするなどがあげられる。この虐待は、本人が告白するか、周辺の人々が気がつかないとなかなか発覚しない。実父や義

父などから暴力などで口止めをされているケースも少なくなく、幼い子どもの場合、性的虐待だと思わず、深刻化する場合もある。多くは、男性から女の子どもへ虐待することが多いが、近年は、実母や義母などの女性から男の子どもに対しての虐待が増えている。

　③心理的虐待　　大声の脅し、閉塞的な環境で過ごさせるなどで恐怖に陥れる、自尊心を傷つける言葉を浴びせる、無視や拒否的な態度をとる、著しくきょうだい間の差をつけることなどを断続的、継続的に行って子どもの心を傷つけることをいう。近年は、子どもに DV（ドメスティック・バイオレンス）を目撃させ、心の傷を負わせること（面前 DV）も問題視されている。

　④ネグレクト　　保護の怠慢、養育の放棄・拒否、つまり、十分な養育をせず、子どもを放置することである。保護者が、子どもを家に残して外出する、食事を与えない、衣服を着替えさせない、病気なのに医療機関に連れて行かない、登校禁止にして家に閉じこめる、無視して子どもの情緒的な欲求に応えない、遺棄するなどである。乳児にハチミツを与え乳児ボツリヌス症を発症させるなど、育児知識が不足していて食事の内容が不適切であることも入る。安全確保や健康、成長発達段階への配慮が著しく欠けたために身体的虐待に至ったり、無視することで愛着形成が阻害されたりし、中には子どもが死に至るケースもある。

　この他にも、子どもにいうことを聞かせるために、過度に頸部を揺さぶることで、「揺さぶられっ子症候群」を起こさせることも身体的虐待とする見方もある。また、受動喫煙をさせる、親の利益になる労働を強要し、教育や成長発達のチャンスを過度に奪う、18歳未満の就労者から金銭を奪い「経済的虐待」を行う、未成年の子どもを巻き込んだきょうだい間、親族間、家族間の暴力行為を黙認・助長することも、子ども虐待とする見解もある。

　なお、子ども虐待が起きる理由、背景として、厚生労働省は、表6-2を示しているので参照されたい。表6-2の体罰の容認などの項目から、想起されるのは、子ども虐待をした親の証言に「しつけ」をしていたという発言が見られることが多いことである。しかし、「子どもが耐え難い苦痛を感じること」「子どもの利益に反すること」は、「虐待である」と考えるべきである。

表6-2　虐待に至るおそれのある要因・虐待のリスクとして留意すべき点

1．保護者側のリスク要因 ・妊娠そのものを受容することが困難（望まない妊娠） ・若年の妊娠 ・子どもへの愛着形成が十分に行われていない（妊娠中に早産等何らかの問題が発生したことで胎児への受容に影響がある。子どもの長期入院など） ・マタニティーブルーズや産後うつ病等精神的に不安定な状況 ・性格が攻撃的・衝動的、あるいはパーソナリティの障害 ・精神障害、知的障害、慢性疾患、アルコール依存、薬物依存等 ・保護者の被虐待経験 ・育児に対する不安（保護者が未熟等）、育児の知識や技術の不足 ・体罰容認などの暴力への親和性 ・特異な育児観、脅迫的な育児、子どもの発達を無視した過度な要求　　　等
2．子ども側のリスク要因 ・乳児期の子ども ・未熟児 ・障害児 ・多胎児 ・保護者にとって何らかの育てにくさを持っている子ども　　　等
3．養育環境のリスク要因 ・経済的に不安定な家庭 ・親族や地域社会から孤立した家庭 ・未婚を含むひとり親家庭 ・内縁者や同居人がいる家庭 ・子連れの再婚家庭 ・転居を繰り返す家庭 ・保護者の不安定な就労や転職の繰り返し ・夫婦間不和、配偶者からの暴力（DV）等不安定な状況にある家庭　　　等
4．その他虐待のリスクが高いと想定される場合 ・妊娠の届出が遅い、母子健康手帳未交付、妊婦健康診査未受診、乳幼児健康診査未受診 ・飛び込み出産、医師や助産師の立ち会いがない自宅等での分娩 ・きょうだいへの虐待歴 ・関係機関からの支援の拒否　　　等

出典：厚生労働省「子ども虐待対応の手引き（平成25年8月　改正版）」2013年、29ページ。

　専門家たちの間では「maltreatment（マルトリートメント）」つまり「不適切な関わり」という言葉を使う者がいる。虐待よりも広義で、家族外からの不適切な関わりも含む言葉であり、養育と虐待の連続性の中でとらえて支援して

いくことの重要性も指摘されている。

2) 子ども虐待の発生状況

　全国の児童相談所における児童虐待に関する相談件数は、最新の速報値（2019年8月報告）で、前年度の相談対応件数は15万9850件で、前年度より2万6072件（19.5％）増え、過去最多を更新した。対応内容の内訳は、心理的虐待55.3％、身体的虐待25.2％、ネグレクト18.4％、性的虐待1.1％となっている。相談対応経路は、多い順に、警察等50％、近隣・知人13％、その他11％、学校・保育所等7％、家族7％であった。

　相談対応件数の主な増加理由は、近隣から警察等への通告の増加に加え、心理的虐待に係る相談対応件数の増加であると思われる。推移については、図6-3の通りだが、児童虐待防止法施行前の1999（平成11）年度に比べ、2017

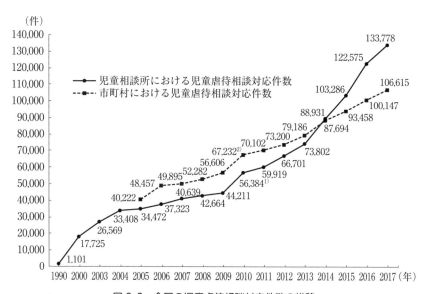

図 6-3　全国の児童虐待相談対応件数の推移

注：1）東日本大震災の影響により、福島県を除いて集計した数値。
　　2）東日本大震災の影響により、岩手県、宮城県（仙台市を除く）の一部および福島県を除いて集計した数値。
出典：『ひと目でわかる　保育者のための児童家庭福祉データブック2020』中央法規出版、2019年、62ページより一部修正。

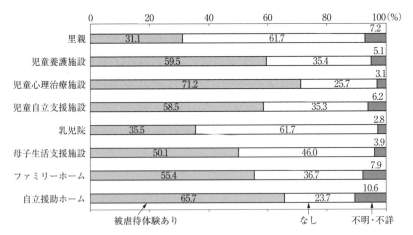

図 6-4　社会的養護対象者の措置前に虐待を受けた子どもの比率

注：児童養護施設入所児童等調査結果（2013 年 2 月 1 日）。
出典：厚生労働省「社会的養育の推進に向けて」2019 年 4 月、5 ページより一部修正。

年度には約 11.5 倍に増加している。なお、図 6-3 では、市町村の相談件数も示しているが、児童相談所と同じように年々増加傾向となっており、2005（平成 17）年度に比べ、2017 年度には約 2.5 倍に増加している。

　一方、社会的養護のもとで養育される子どもについてだが、里親に委託されている子どものうち約 3 割、乳児院に入所している子どものうち約 4 割、児童養護施設と児童自立支援施設で養護されている子どもの約 6 割、児童心理治療施設で暮らしている子どもの約 7 割は虐待を受けた経歴を持っている（図 6-4）。また、障害児入所施設の措置利用の子どもの場合、2019（平成 31）年 1 月 17 日時点の厚生労働省の報告によると、約 4 割あまり（福祉型 42.6 ％、医療型 47.9 ％）が虐待もしくはその疑いで入所している。

2　子ども虐待の対応

1）虐待とその対応

　制度面では、第 3 章でも述べたように、児童虐待の防止等に関する法律（児童虐待防止法）によって定められている。従来は、通告先および対応先は、

児童相談所のみであったが、2004（平成16）年の児童虐待防止法の改正により、市町村も通告先になり、「市町村」と「児童相談所（以下、児相）」が役割分担をしながら対応する仕組みとなっている。また、その連携をとる機関として、ほとんどの市町村では「要保護児童対策地域協議会（虐待防止ネットワーク）」が設置され、要保護児童の発見とその支援の体制構築、支援内容の検討を行っている。

　厚生労働省は、2015（平成27）年7月から運用してきた、児相虐待対応ダイヤル「189」を2019年12月3日から無料化している。

　虐待の通告を受理した場合、まず、市町村・児相は、緊急受理会議を開催し、市町村・児相が、それが依頼した機関により通告受理後48時間以内に子どもを直接目視し安全確認することを基本とする。その後、支援が必要と判断されれば、援助方針会議（ケース検討会議）を開催し、緊急度を勘案して、子どもと親への処遇を判断する。虐待の可能性が高く、児童相談所での対応となったケースに関しては、図6-5の通り対応することとなっている。子どもを在宅において養育するか、親子分離を行い施設入所などの社会的養護

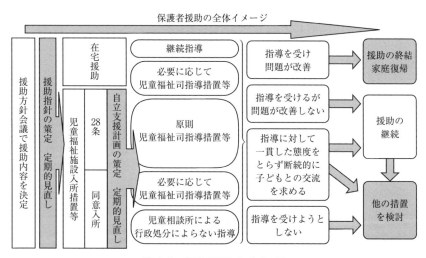

図6-5　保護者援助のイメージ

出典：厚生労働省「児童虐待を行った保護者に対する援助ガイドライン」2008年3月。

（代替養育）を行うかが判断され、親子の関係性支援、親の子育て能力向上に向けた支援を行い、家族再統合をめざす。

2）虐待の防止対策

先述の要保護児童対策地域協議会のほかに、市町村は、保育等の子育て支援サービスや乳児家庭全戸訪問活動など母子保健のサービス等の政策・サービスとも連動し、特定妊婦（第1節2 3）参照）の把握から、虐待の発生予防、虐待や子育て困難の早期発見・早期対応、保護者の養育力の向上と自立支援に至るまでの支援を行っている。また、児童相談所は、虐待を受けた子どもの保護と措置、その後の保護者の自立支援を市町村と連携しながら行っている。なお、このような体制を確保するために2017年の児童福祉法および母子保健法の改正により、市町村において「子ども家庭総合支援拠点」と「子育て世代包括支援センター（母子健康包括支援センター）」の設置を推進することとなり、地域を基盤にしたソーシャルワークの機能を担い、すべての子どもとその家庭および妊産婦等を対象として、その福祉や保健に関し必要な支援に係る業務全般を行うこととし、妊娠期（胎児期）から子どもの社会的自立に至るまでの包括的・継続的な支援に努めることとなった。また、DVが起きている家庭も子ども虐待の温床となることから、子どもや妊婦がいる家庭での夫婦間暴力に対して市町村と都道府県の連携で対応を行っているケースがある。

第3節　障害児福祉の理念と体系

1　障害の種類ととらえ方

1）わが国における障害の定義

障害者基本法第2条で「身体障害、知的障害、精神障害（発達障害を含む。）その他の心身の機能の障害がある者であつて、障害及び社会的障壁により継続的に日常生活又は社会生活に相当な制限を受ける状態にあるもの」と定義されている。なお、「社会的障壁」については、同条で「障害がある者にとつて日常生活又は社会生活を営む上で障壁となるような社会における事物、制

度、慣行、観念その他一切のものをいう」と定義されている。なお、上記の
うち18歳未満の者を「障害児」と呼ぶことも障害者総合支援法と児童福祉法
により定められている。また、この二法においては、医療的ケア児や難病児
を障害児福祉サービスの対象としてとらえており、事実上の障害児として
扱っている。

　なお、障害者であることを示す制度に「障害者手帳制度」があるが、各種
障害の内容および、それに伴う手帳制度については、表6-3の通りである。
ただし、知的障害者は、法的には定義が決まっていないため、自治体により
基準や手帳の名称が異なるが、厚生労働省の「知的障害児（者）基礎調査」
の判断基準が主に活用されている。

表6-3　主な障害の種類と手帳制度

障害の種類 （根拠法令）	障害の内容	判定・発行 機関※	手帳の 種類	障害の 程度
身体障害 （身体障害者 福祉法）	視覚障害、聴覚障害、音声言語障害、咀嚼機能障害、肢体不自由、内部障害（腎臓・心臓などの内臓の疾患による障害）等。（ただし「永続する機能障害」に限る）	身体障害者 更生相談所	身体障害者手帳	1〜6級 （1級が 重度）
知的障害 （知的障害者 福祉法、療育 手帳制度要綱）	精神遅滞、知的発達障害を伴う自閉症等（知的機能の障害が概ね18歳未満で発現し、概ねIQ70以下で日常生活上、援助の必要がある者）	知的障害者 更生相談所 （児童は児 童相談所）	療育手帳	A〜C （Aが重 度）※
精神障害 （精神保健福 祉法）	統合失調症、精神作用物質による急性中毒またはその依存症、知的障害、精神病質その他の精神疾患を有する者（双極性障害、癲癇、高次脳機能障害等）	精神保健福 祉センター	精神障害者保健福祉手帳	1〜3級 （1級が 重度）
発達障害 （精神保健福 祉法、発達障 害者支援法）	知的障害をともなわない自閉症関連障害（自閉スペクトラム症＝広汎性発達障害）、学習障害、ADHD等			

上記以外にも、「医療的ケア児・者」、「難病児・者」が、（児童福祉法、障害者総合支援法、
医療法などにより、医療の提供と福祉サービス（療育を含む）を複合的に提供する対象
（事実上の障害児・者）として認定されている。
出典：筆者作成。

障害の判定と手帳の発行をする機関は、都道府県、政令指定都市単位で設置されており、手帳の申し込み窓口は、上記の判定機関のほかに市町村の保健福祉関係部署の窓口（福祉事務所・障害福祉担当課・保健センター等。精神障害は、都道府県・政令指定都市単位の保健所、保健センターも含む）である。ただし、精神障害および発達障害に関しては、知的障害を伴う場合は、療育手帳も発行されることが多い。ただし、知的障害を伴わない場合にも療育手帳を発行する自治体がある。

　なお、18歳未満、特に未就学児に関しては、手帳の発行を優先しない場合が多い。養育困難や虐待の有無の確認や医療および施設への入所措置もしくは福祉サービスの支給決定の判断に関わる場合があるので、市町村の療育関係の窓口および児童相談所で総合的に対応する場合がある。また、子ども分野独特の障害に、情緒障害児（心理行動面、感情面の安定性の障害）があり、児童相談所が対応する。また、医療的な支援が必要な障害児に、重症心身障害児、医療的ケア児がある。これらの相談については、都道府県の医療型児童発達支援センター等の中核医療機関と市町村の療育担当部局が連携して対応する（ただし、障害の判定と手帳の発行は、表に示した機関が行う）。

2）国際的な障害の定義

　国際的な障害の定義として、ICF（国際生活機能分類）があげられる（図6-6）。これは、国連の世界保健機関（WHO）が「国際疾病分類（ICD）」の関連指標として示したもので、1980年に示された「国際障害分類（ICIDH）」に代わるものとして2001年に採択したものである。「社会モデル・生活機能モデル」ともいわれる障害の概念で、「障害とは、生活機能（心身機能、活動、参加）が制限された状態のこと」をいう。障害の要因には、健康状態、環境因子、個人因子があり、特に「社会的環境が、個人の疾病、変調、事故、その他に伴う心身の特徴を受け入れないことにより、個人が日常生活又は社会生活が継続的又は断続的に制限を受ける状態を障害と言う」という視点がある。改定前の「ICIDH（国際障害分類）」にあった、個人の「身体的、知的、精神的」な機能に障害ある状態という発想とは異なる。

　この考え方は、「社会的障壁により日常生活に制限を受けることも"障害"

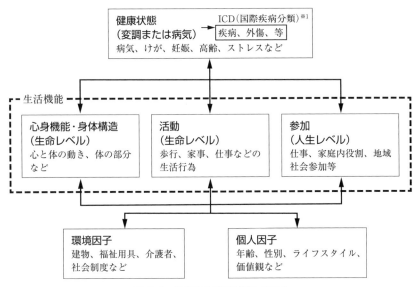

図6-6　国際生活機能分類（ICF）

※1：ICD（国際疾病分類）は、疾病や外傷等について国際的に記録や比較を行うために
　　WHO（世界保健機関）が作成したものである。ICD が病気や外傷を詳しく分類す
　　るものであるのに対し、ICF はそうした病気等の状態にある人の精神機能や運動機
　　能、歩行や家事等の活動、就労や趣味等への参加の状態を環境因子等のかかわりに
　　おいて把握するものである。
出典：厚生労働省大臣官房統計情報部編「生活機能分類の活用に向けて」一部修正。

である」という、先述の障害者基本法と同じ考え方であり、後述する障害者
の権利条約の考え方と共通した概念だといえる。

2　障害児の支援の理念〜合理的配慮とインクルーシブ保育〜

　障害児・者福祉の考え方としては、1950 年代にデンマークの N. バンク・
ミケルセンが提唱した「ノーマライゼーション」という理念が有名である。
「どのような障害があろうと一般の市民と同等の（ノーマルな、普通な）生活と
権利が保障されなければならない」という考え方である。
　近年では、「ソーシャルインクルージョン」という概念も導入されている。
インクルージョンとは、「包摂」や「包み込む」という意味で、「障害の有無、

民族・民俗・文化の違いを超え、誰もが社会のなかに包括・包摂され、誰も排除しない、多様なニーズに応えられる、共に生きられる社会を目指す」という理念を指しており、近年の社会福祉や教育分野では基本的概念になってきている。1980年代以降、アメリカの教育の影響を受け、ノーマライゼーション、インテグレーション（統合教育：子どもが地域の学校で教育を受ける権利を保障しようという考え方、方法。ただし、健常児と障害児を分け、通常学級に障害児を迎え入れるという考え方、統合化という概念で障害児を健常児との同化を強要しようとする結果に至る）、メインストリーム（主流化教育：障害児も「主流」ととらえ、通常学級に出席させるとともに、障害児学級にも通わせ特別支援とその教育を提供する考え方）の3つの概念の発展、変遷として注目されるようになった概念である。その考えもあり、国連では、1989年に「子どもの権利条約」が採択され、障害のある子どもの社会参加と自立支援の保障を定め、2006年に「障害者の権利に関する条約（障害者権利条約）」が採択され、前者は1994（平成6）年、後者は2014（平成26）年に批准され、国内で適用されている。それまでの間に、国内法制度の整備として、障害の定義を変更（社会的障壁を含める）し、条約批准後の2016（平成28）年4月には、障害を理由とする差別の解消の推進に関する法律（障害者差別解消法）が施行され、障害を理由とする不当な差別的扱いの禁止と、合理的配慮の提供が法的に義務づけられた。なお、合理的配慮とは、障害のある人が障害のない人と同じように人権を享受し行使し、社会生活ができるよう、一人ひとりの特徴や場面に応じて発生する困難を取り除くための、社会的に負担が過重でなく、可能な限りの個別の調整や変更、配慮のことをいう。例えば、保育所で、医療的ケア児で肢体不自由がある子どもから「2階以上の教室への移動のためにエレベーターを設置し、酸素吸入器と喀痰吸引キットを常設して、延長保育に対応してほしい」と要望があったとき、最善の対応は、いうとおりにすることとなるが、保育園側の設備的な限界があるなどの理由でそれがかなえられない場合は、配属クラスを1階の保育室にし、スロープの設置などのバリアフリー改修を行い、医療機器と車いすなどの電源を確保する改修を行う。自宅で使用している医療的ケア機材の持ち込みを提案し、市の補助制度で看護師が配置できるが時間的、人材的に限界がある

ため、延長保育については、医療的ケアに対応した児童発達支援事業所へ送迎し、提供を受けるなど別の方法を提案し、当事者が話し合って合意して、可能な限りの支援を行うこととなる。

　なお、ソーシャルインクルージョンの考え方と合理的配慮の環境下で、多様性を認め合って、できる限り同じ保育（教育）を提供していくことを「インクルーシブ保育（教育）」と呼んでいる。なお、保育分野では、統合教育よりもインクルーシブな発想の保育である「統合保育」を、1970年代から補助金（加配）制度を導入し推進してきた経緯がある。

3　「縦横連携」とソーシャルワークによる障害児と保護者の支援

　先に「インクルーシブ保育（教育）」と合理的配慮について述べたが、その中でも、障害や個別の特性に応じた、療育や発達支援、生活支援、医療との連携が必要なのはいうまでもない。厚生労働省は、できる限り健常児と一緒に受けられる保育の提供とその環境整備を推進する一方、特別なニーズのある子どもに対する専門的な発達支援・保育と医療（療育）を提供する体制を整えてきた。例えば、落ち着きがない、友達とうまく遊べない、集団活動にのりにくいなどの不適応・発達課題を抱える幼児が、専門的ケア（療育）を提供する福祉型児童発達支援センター（または、児童発達支援事業所）に親子で週1回（親子通園という）、子どもだけで週1回通い（分離保育という）、残りは一般の保育所に通い、インクルーシブ保育を受けるという方法がある、これを「並行通園」という。子どもの適応性が高まってきたり障害児を受け入れる環境が整ったりすれば、一般の保育所に通えるようにしていこうとする方向性を持っている。その環境を整える方策として、一般的なのが「加配」という制度である。障害のある子どもや発達上の課題を抱える子どもを支援するために、補助金を支給し保育士などを追加配置する制度である。ほかに「保育所等訪問支援」という、保育所などの子どもの通い先に専門職を児童発達支援センターなどから専門職員を派遣し、療育の提供や職員への助言を行い、一般の保育所に通える環境を整えるサービスもある。

　このように、子どもの障害や特性、発達段階・成長過程に応じたサービス

を複合的に組み合わせ（横の連携）、乳幼児期から学童期、青年期に至るまで発達の支援と療育から、自立の支援までを1つにつながったプロセス（縦の連携）でサービスを総合的に推進しようとする体制が整いつつある。これを「縦横連携体制」と呼んでおり、その推進のために行政機関や相談支援事業所等が、サービスの紹介や支援内容の一貫性の保持のためのコーディネートと相談支援（ソーシャルワーク）をする体制を整えることとなっている。

　なお、先述の「加配」の制度を利用したり、児童発達支援等の専門的なサービスを受けたりするには、障害があるという医学的な診断を受け、市町村に認められる必要がある。しかし、心理行動面の不適応、発達障害や知的障害の疑いがある子どもの場合、診断が独り歩きし、支援内容や就学などの進路が限定されたり、保護者に子どもの障害の受容を迫るなど、過度の苦痛を与えたりしかねないので、慎重に対応する必要がある。

　今後は医者の判断だけでなく、子どもの生活状況で柔軟に判断したり、あらかじめ、特別な配慮が必要な子どもたちが入園することを想定した柔軟な職員配置や、いつでも専門職との連携や派遣ができたりする体制を整えておく必要があるだろう。

第4節　非行少年に対する処遇と理念

1　非行少年の定義

　非行少年対応の中心的法律は、少年法である。この法の目的として「少年の健全な育成を期し、非行のある少年に対して性格の矯正及び環境の調整に関する保護処分を行うとともに、少年の刑事事件について特別の措置を講ずること」と示している。法律の対象を20歳未満と規定し、さらに、その中で家庭裁判所の審判に付すべき少年として、①罪を犯した少年（犯罪少年）、②14歳に満たないで刑罰法令にふれる行為をした少年（触法少年）、③保護者の正当な監督に服せず、犯罪性のある人などと交際するなどして、少年の性格または環境に照らして、将来、罪を犯し、または刑罰法令にふれる行為をする虞（おそれ）のある少年（虞犯少年）と定義している。

2　非行少年への対応

　非行の度合いに合わせて、2つの仕組みが設けられている。それは、少年法に基づき20歳未満の非行少年に対して「刑事司法」の側面からの対応と、18歳未満の非行少年を児童福祉法に基づいた「要保護児童」として「福祉的措置」の側面で養育する仕組みの2つである。前者は、犯罪少年、触法少年に対して、家庭裁判所の「少年審判」による保護処分もしくは、少年受刑者として、少年院で保護もしくは刑罰を科す仕組み、後者は、児童相談所および家庭裁判所の審判に基づき、主に虞犯少年、軽微な触法少年に対して社会的養護（養育と保護者等の支援、家族再統合等）をする仕組みである。

　少年という将来のある者が対象である以上、特に14歳未満の少年や非行の原因に家庭環境、発達過程、発達特性に課題がある場合については、福祉的な措置が優先される。その場合、行政機関としては児童相談所が担当している。そこでは、調査・判定に基づき、次のような方法がとられる。①児童や保護者を訓戒し、または誓約書を提出させる。②児童福祉司、社会福祉主事、児童委員などに指導させる。③親子分離を行い、社会的養護で養育し、保護者の指導を行う。④家庭裁判所に送致し、少年法による対応に移行する。

　福祉的な措置で家庭での指導以外の場合、主には、児童自立支援施設への措置となる。他にも里親などに委託する、または児童養護施設、児童心理治療施設などの社会的養護の施設に入所させるといった措置もある。そこでは、家庭的な環境の中で愛着形成の再獲得などの育て直しと、退所後の生活を成り立たせるための自立支援が重要な要素となる。各施設・措置の機能と役割については、第3章を参照されたい。なお、少年法により刑罰を科す仕組みについては、少年院が担当している。少年院では、14歳（重大事件の場合12歳）から20歳未満（状況により26歳未満の者まで）に、矯正教育（生活、職業、教科、体育、社会貢献活動・特別活動）、社会復帰支援（就労支援等）を行う。精神的な疾患を抱えている場合と愛着形成の課題、発達上の課題・障害を抱え、治療が必要な場合は、医療少年院が対応する。

第5節　今後の子育て支援、若者支援のあり方

1　本章で取り上げた子どもの特性、傾向

　最後に、ここまで説明してきたテーマに関連して、社会の課題と子どもたちとのかかわりと支援のあり方について述べていきたい。

　社会的養護の施設で暮らす子どもたちや、里親のもとで暮らしている子どもたちの多くに「大人への不信感」があり、「試し行動」ともいわれる、見捨てられ不安を払しょくするための、大人に対して反抗的、破壊的な行動をとる場合がある。また、学校や施設で ADHD 様症状や反抗的行動をする子どもたちがいる。それらの背景に、成育歴に虐待を受けたという子どもたちが多く存在する。

　虞犯性のある子どもたち、非行をする子どもたち、犯罪を起こした子どもたちの成育歴をたどると、家庭内での暴力、被虐待、面前 DV などの背景があり、反社会的行為とその背景に因果関係があるという推測がある。上記の傾向が重い場合で成育歴や家庭的な環境を背景として求められる場合、精神科医師に「いわゆる愛着障害（脱抑制型対人交流障害、反応性愛着障害＝抑制型の愛着障害）」と診断される子どもたちがいる。

　被虐待児の脳科学的な研究に、乳児期から幼少期に虐待を受けることで、脳の感情コントロールや記憶の機能の中枢に何らかの障害をきたしているという報告があり、被虐待と発達障害特性に類似した心理的・行動的な特性、さらには虐待の世代間連鎖とも関連している可能性が推測されている。

　児童養護施設などで暮らす子どもたちや、近年増加傾向にある「ひきこもり」や「不登校」の子どもたちの成育歴を追うと、家庭環境に恵まれず、被虐待や孤立した環境の中で育ってきた子どもたちがおり、その多くは、自己肯定感、自己効力感など、自尊感情が不足し、困難に立ち向かったり、新しい課題に挑戦したりすることができない、傷ついても困難に陥っても回復できない（心の回復力と弾力性〔レジリエンス〕がない、少ない）子どもたちがいる。その子どもたちが青年期になると、職場適応ができず、仕事が続かない、大

人になりひきこもる人々もいる。

　上記の傾向は、子ども期、特に乳幼児期の最も身近な大人との関係性（愛着形成、愛着関係）の不健全さが、子どもたちの将来の心理的・行動的・社会的安定性に密接につながっているといえる。また、自分自身の行動をコントロールする力や、目標や意欲、興味・関心をもち、粘り強く、仲間と協調して取り組む力や姿勢を作る能力（非認知能力）の不足、低下につながっていると思われる。

2　愛着形成と子ども期から大人期に至るこころの居場所の支援

　筆者は、上記の状況を打開するには、若者、大人のひきこもりまでを視野に入れて、社会的に一貫した、心のケアと居場所づくり、生涯発達の保障を政策として実施し、社会的安定の実現と、将来への好循環を図っていくことが重要だと考える。その前提に、乳幼児期の愛着形成に加え、地域社会と家庭をベースにした、未就学期の対人交流の経験や教育が重要であるという見解が示されている。

　家庭支援と子育て支援の充実化に加え、親子分離・代替養育移行後の子どものパーマネンシー（養育リスク・課題の永続的解決状態）保障のための家族再統合支援や家族維持支援、特別養子縁組、さらには青年期の大人に至るまで、社会的養育とソーシャルワークという発想と仕組みをベースにした、支援の仕組みと実績が重要であると考える。

【引用・参考文献】
小川英彦編著他『基礎から学ぶ社会的養護』ミネルヴァ書房、2012 年
小川英彦編著他『基礎から学ぶ障害児保育』ミネルヴァ書房、2017 年
柏女霊峰『これからの子ども・子育て支援を考える―共生社会の創出をめざして―』ミネルヴァ書房、2017 年
柏女霊峰編著『子ども家庭福祉における地域包括的・継続的支援の可能性―社会福祉のニーズと実践からの示唆―』福村出版、2020 年
喜多一憲監修、堀場純矢編集『子ども家庭福祉』（みらい×子どもの福祉ブックス）、2020 年
喜多一憲監修、堀場純矢編集『児童家庭福祉』（みらい×子どもの福祉ブックス）、

2017 年

喜多一憲監修、堀場純矢編集『社会的養護Ⅰ』（みらい×子どもの福祉ブックス）、2019 年

喜多一憲監修、堀場純矢編集『社会的養護Ⅱ』（みらい×子どもの福祉ブックス）、2019 年

厚生労働省新たな社会的養育の在り方に関する検討会「新しい社会的養育ビジョン」2017 年

厚生労働省雇用均等・児童家庭局家庭福祉課「児童養護施設入所児童等調査の結果（平成 25 年 2 月 1 日現在）」2015 年

厚生労働省子ども家庭局家庭福祉課「児童養護施設入所児童等調査の結果（平成 30 年 2 月 1 日現在）」2020 年

厚生労働省児童養護施設等の社会的養護の課題に関する検討委員会・社会保障審議会児童部会社会的養護専門委員会「社会的養護の課題と将来像」2011 年

厚生労働省子ども家庭局家庭福祉課「社会的養育の推進に向けて」2019 年

厚生労働省雇用均等・児童家庭局長通知「児童養護施設運営指針」「児童心理治療施設施設運営指針」「児童自立支援施設運営指針」「乳児院施設運営指針」2012 年

友田明美『新版　いやされない傷―児童虐待と傷ついていく脳―』診断と治療社、2012 年

友田明美『子どもの脳を傷つける親たち』NHK 出版新書、2017 年

杉山登志郎『子ども虐待という第四の発達障害』学習研究社、2007 年

杉山登志郎『子育てで一番大切なこと―愛着形成と発達障害―』講談社現代新書、2018 年

厚生労働統計協会編『国民福祉と介護の動向 2019/2020』「要保護児童対策（第 2 部第 2 編第 4 章）」

法務省『令和元年版　犯罪白書』「第 2 編　平成における犯罪・少年非行の動向」「第 3 編　平成における犯罪者・非行少年の処遇」2019 年

ジェームズ・ヘックマン著、大竹文雄解説、古草秀子訳『幼児教育の経済学』東洋経済新報社、2015 年

第7章

子ども家庭福祉とソーシャルワーク

　近頃では、ソーシャルワーカーという言葉をそこかしこで聞くようになった。例えば、医療ソーシャルワーカー、スクールソーシャルワーカーなどである。もともと、ソーシャルワーカーとは分野を問わず、社会福祉事業に携わる人の総称として使われていたもので、病気やけが、あるいは高齢や障害などを抱える人やその家族に対し、日常生活を送る上でのさまざまな不安や困りごとに対する支援（ソーシャルワーク）を行う者を指す。生活課題が増大する昨今、多くの分野になくてはならない支援の方法だ。

　現在ではソーシャルワークをする人に当てはまる国家資格「社会福祉士」「精神保健福祉士」の資格を持つ人のことをこう呼ぶことも多くなっている。だが、この両福祉士は業務独占タイプの資格ではなく、したがって、ソーシャルワークは資格の有無を問わず展開できる。そもそも、保育所をはじめ、両福祉士のいない子ども家庭分野の施設は数多い。子ども家庭福祉の分野では、両福祉士の資格を持つ人はもちろんのこと、保育士をはじめ、実践現場で関わる専門職はソーシャルワークの意味や機能を知り、より良い活用につなげていってもらいたい。

第1節　ソーシャルワークの発展経緯

　ソーシャルワークの発祥は産業革命期のイギリスであるといわれている。当時、資本主義の発展とともに労働者層が都市部へ流入し、貧困者層がスラム街で暮らすようになった。その当時のイギリスの情景がこのように描かれている。「経済的に余裕のあるブルジョワ階級は山の手の一等地なり空気のきれいな郊外に居を構えて、瀟洒で独自の住宅街を形成するのが常であった

が、労働者階級の人間は、資本家と建設業者が金儲けのために立てた『安上がりの住宅』の中に押し込められ、上下水道もトイレも完備しない下町のスラム街に密集して生活しなければならないことになった」（角山・川北、2001）。深刻な貧困問題が発生していたが、まだこの時期は貧しいことは個人の責任であると考えられていたため、むしろ政府は懲罰的な対策しか取っていなかった。

　そのような中、ロンドンではソーシャルワークの源流となる動きがいくつか誕生する。その１つは、1869年に生まれた「慈善組織協会」（charity organization society）である。この団体は、貧困を個人の問題としてとらえていたものの、友愛訪問員による貧困家庭の個別調査、人格的な感化による自立支援、慈善団体間の連絡調整による救済の適正化などを行い、今でいうケースワークの素地が生まれた。そして、活動はアメリカへも広がり、1877年にはバッファローにも拠点ができる。そこに勤務していたのが「ケースワークの母」と呼ばれるメアリー・リッチモンドである。リッチモンドは、若くして両親や兄弟を亡くし、親戚に引き取られて育った。当時のアメリカには義務教育がなく、11歳まで学校にも行けなかった。自身の生い立ちから、貧困問題の解決には、社会的な環境や条件を改善することが必要であると考えたのである。彼女は、これまでの友愛訪問に疑問を持ち「貧困者の家庭の喜びや悲しみ、人生の考え方に共感を持って身近に知ること」とした。そして、調査、検討、社会的困難の明確化を「社会的診断」とし、個別援助技術を科学的な方法で理論化・体系化をしていった。「人間と社会環境との間を個別に、意識的に調整することを通してパーソナリティを発達させる諸過程から成り立っている」、これがリッチモンドのソーシャル・ケースワークの定義である。

　もう１つが「セツルメント運動」（Settlement）である。この言葉には、"定住"という意味があり、社会福祉の文脈で使う時には、"貧しい人々が住む地域に定住してその改善や啓発にあたる運動、そのセツルメント運動の拠点・施設"という意味合いで使用される。この運動を始めたのは宗教家、大学教授や学生たちで、貧困は個人的な問題でなく、社会によって生み出されているという気づきがあった。彼らは、自らスラム街に移り住み、地域全体

の生活環境の改善に取り組むとともに、必要な場合は制度の充実を社会に要求していく社会改良へと発展させた。1884年にロンドンにトインビーホールが建てられたのが世界初のセツルメントハウスとされる。やがてアメリカや日本にも広がっていくことになる。

　これらはソーシャルワークの源流となる代表的な活動で、ここから、現在のソーシャルワークの体系化に至る経過をたどることとなる。個人やその家族を対象に支援を展開する個別援助技術（ケースワーク）は、メアリー・リッチモンドに始まり、以降、さまざまなモデルやアプローチが生まれている。また、セツルメント運動や同時期に起こったYMCAの活動などからは、集団の持つ力を活用して個人の成長や問題解決を促す集団援助技術（グループワーク）や地域全体の向上を求める地域援助技術（コミュニティオーガニゼーション、後にコミュニティワーク）やソーシャルアクションの技法が誕生した。その後もそれぞれ専門分化した中で発展するが、やがて1970年代頃からは、「ソーシャルワークの統合化」と呼ばれる、とりわけ主要な3方法であるケースワーク、グループワーク、コミュニティオーガニゼーション（コミュニティワーク）に共通の視点・枠組みを求めようとする研究が始まった。1980〜1990年代になると、統合化の一つの帰結として「ジェネラリスト・アプローチ」という新しい体系が生まれ、この考え方は現在にまで至っている（山辺、2013）。ソーシャルワークは専門職として社会的な認知を得る過程で、その理論や技法は社会の要請に応えつつ進化し、多様化してきた。現代社会においてもその動きは変わらない。だからこそ、ソーシャルワーカーの活躍の場がどんどん広がっている現実がある。子ども家庭分野も同様で、生活課題を抱えた子どもや保護者、そして彼らを支える地域社会をも視野に入れたソーシャルワークに一層の期待が寄せられる時代になっているといえる。

第2節　ソーシャルワークの概要

　昨今、虐待、貧困、非行、子育ての孤立化など、子どもや保護者の発するSOSや支援者側が見逃してはいけない生活課題は後を絶たず、むしろ増える

一方である。ソーシャルワークはこれまでも子ども家庭分野に寄り添った取り組みをしてきているが、今ほどソーシャルワークが求められることはなかったのではないか。

なお、子ども家庭分野に限ったことではなく、複雑化・多様化する現代では、誰しもが自分たちだけの力で暮らしを創ることはできなくなっている。生活の中で困りごとを抱えたとき、その心情に寄り添いながら、その立て直しを図るために活用できる資源に熟知し、適切につなぐことができる第三者的な存在がいなければ、もはや成り立たないのである。高齢者分野の介護保険制度はまさにその代表格で、介護を要する状態になったとき、当事者や家族は介護保険制度のもと、ケアマネジメントをしてくれるケアマネージャー（介護支援専門員）に相談し、どのような困りごとがあるかを確認してもらい、必要に応じて適切なサービスとつないでもらう。子ども家庭分野にはケアマネージャーのような資格はなく、多様な機関・施設で多職種の専門職が働いて、それぞれの特性を生かしたソーシャルワークを行うのが特徴ともいえる。

ここでは、ソーシャルワークの全体像を知るために、まずは基本となる考え方や種類を押さえておきたい。

1　ソーシャルワークの形態や技法

前述したような歴史的発展を遂げたソーシャルワークにおいて、現在、どのような技術が一般化されているのか。表7-1ではそれらをまとめている。

技術には、大きく分けて、人や集団に直接働きかける"直接援助技術"と、地域や社会環境に働きかける"間接援助技術"がある。また、その他の"関連援助技術"もある。

直接援助技術に分類されるのは、ケースワークとグループワークである。まさに困りごとを抱えた子ども、保護者に直接働きかけ、生活課題をともに考えながら、課題解決へとつなげていく技法である。

間接援助技術に分類されるのは、コミュニティワーク、ソーシャルアクション、ソーシャルワークリサーチ、ソーシャル・ウェルフェアプランニング、ソーシャル・ウェルフェアアドミニストレーションにあたる。これらは、

表 7-1　ソーシャルワークの形態や技術

	名称	内容
個人や集団に関わるソーシャルワーク	ケースワーク（個別援助技術）	利用者等に個別的な関わりを通して援助活動を展開していく方法。主には、利用者およびその家族を対象に相談活動をする際の技術。
	グループワーク（集団援助技術）	グループ（集団）の力を通して援助活動を展開していく方法。グループには個々のメンバーが発する言葉や行動がグループや個人に何らかの作用をもたらす特性がある。
地域を対象とするソーシャルワーク	コミュニティワーク（地域援助技術）	そこに暮らす住民の生活課題や問題を、その地域全体の課題や問題としてとらえ、住民を組織化したり、住民主体による福祉活動を援助したりする。
社会環境への働きかけとその他の関連援助技術	ソーシャルアクション（社会活動法）	地域の福祉課題を満たすための、社会福祉の制度や施策の改善を目的とした福祉活動のことをいう。
	ソーシャルワークリサーチ（社会福祉調査法）	地域の人々の問題や課題を把握し、適切な援助活動を行う基礎資料を得るための調査技法である。例：アンケート、聞き取り、観察
	ソーシャル・ウェルフェアプランニング（社会福祉計画法）	地域の福祉ニーズに対するサービス提供の基盤整備や既存の社会資源の有効活用、福祉人材の養成・確保など、数値目標を掲げ、そこに至る過程を計画化する方法。
	ソーシャル・ウェルフェアアドミニストレーション（社会福祉運営管理）	より良い利用者支援のため、社会的責任を果たすために必要な、社会福祉施設等の事業運営のための人事や経理、設備管理、広報活動、人材育成、リスクマネジメントを指す。
	アウトリーチ（訪問支援）	「手を差しのべること」という意味。援助が必要であるにもかかわらず、自発的に申し出をしない人々に対して、公共機関などの支援機関が積極的に働きかけて支援の実現をめざすこと。
	ケアマネジメント	個人や家族の個別のニーズを把握し、そのニーズと公私にわたるさまざまな社会資源との間に立ち、複数のサービスを適切につなぎ、調整をはかりつつ、包括的にかつ継続的にサービス提供を確保する方法。
	ネットワーキング	さまざまな福祉サービスとともに、家族や近隣の人々、ボランティア活動なども加えて、地域における生活支援のネットワークを形成しようというもの。
	コンサルテーション	ソーシャルワーク実践を進める上で、医師や弁護士など関連領域の専門家に助言を受け、それらを通して行う問題解決の過程を指す。
	スーパービジョン	ソーシャルワーカーへの指導や訓練を通してその専門性の維持や向上を図るための過程。

出典：空閑浩人編著『ソーシャルワーク』中央法規出版、2015 年を参考に作成。

子ども、保護者の周辺にある環境に働きかけ、特定の個人のみならず誰もが暮らしやすい地域社会を創っていこうという技術である。その目的により、対象も幅広く、地域住民をはじめ、機関・施設の職員、NPO、行政、企業、政治など柔軟にアプローチしていく。

関連援助技術に分類されるのは、アウトリーチ、ケアマネジメント、ネットワーキング、コンサルテーション、スーパービジョンである。これらも実践時には大いに活用されている。特に、虐待やひきこもりなど、自らSOSを発することの難しい子どもや保護者と出会うためには、アウトリーチが多用される。これは、子ども家庭分野の特徴の一つである。

児童相談所や家庭児童相談室といった機関や、保育所や児童養護施設などの児童福祉施設、そして学校という現場で、最も頻度高く使用するのは、直接援助技術に分類されるケースワークになるだろう。また、保育所、児童館など子ども集団に働きかける場面の多い機関・施設では、グループワークも多用する。加えて、リッチモンドの定義にもあったように、人と環境双方に働きかけるのがソーシャルワークである。子どもも家庭も暮らしやすい地域社会にするために、時には地域や社会環境への働きかけが重要なときもある。私たちがどこで働いていたとしても、行われるソーシャルワークそのものは変わらない。ただし、相談機関のようにソーシャルワークを主たる業務とする職場と福祉施設のようにケアワークも中核をなす職場とでは、その取り組み方に違いがある。目の前にいる子ども、保護者の状況、彼らを取り巻く社会資源の状況は、非常に個別的である。そのソーシャルワークが、誰が誰に対して、どの場面で行われるのかによって、当然ながらその展開の詳細は変わっていく。

2 ケースワーク（個別援助技術）の概要と実際

ここでは、ソーシャルワークの中でも、子どもや家庭への支援の際に使用するケースワーク（個別援助技術）の展開過程を図7-1に沿って説明していく。

1）問題把握（ケースの発見）

実際にソーシャルワーカーと出会う前の段階を指す。子どもは何らかの支

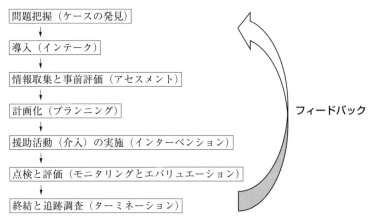

図7-1　ソーシャルワークの展開過程

出典：空閑浩人編著『ソーシャルワーク』中央法規出版、2015年、橋本好市・直島正樹編著『保育実践に求められる子ども家庭支援』ミネルヴァ書房、2019年を参考に作成。

援を必要としていても、自らSOSを発することができないことが多い。そのため、保護者、保育所や児童福祉施設の職員、教師、スクールソーシャルワーカー、地域の民生児童委員、地域住民などが生活課題に気づき、そこから支援につながることが多い。子ども家庭分野のソーシャルワークは、"気になる子ども"にこの時点で気づけるかが重要なポイントである。

2) 導入 (インテーク)

　ソーシャルワーカーと何らかの支援を必要とする子どもやその家族と出会い、問題解決に向けてともに取り組んでいく関係を構築していく大変重要な場面である。不安を軽減し話しやすい雰囲気や環境を心掛け、相手の訴えやニーズの把握に努める。ソーシャルワーカーには、「バイステックの7原則」や「面接技法」を意識した姿勢や態度が求められる。

3) 情報取集と事前評価 (アセスメント)

　子どもや保護者の生活状況や抱えるニーズをより詳しく理解するために、本人たちや関係者などから必要な情報を集め、総合的に分析し、必要な支援を明らかにする。子ども家庭分野では、子どもの発達段階、家族関係、家族メンバーに影響を及ぼす人や関係先（福祉関係の機関・施設、学校、病院、地域の

支援者など）と円滑なコミュニケーションを図り適切に情報収集をしていかなくてはならないため、コーディネーションやマネジメントの能力、フットワークの軽さなども必要となる。ケース会議を招集する場合もあり、その際には会議進行を担うこともある。実際のアセスメント作業では、それぞれの特徴に合わせて得る必要のある項目が掲げてあるアセスメント・シートが活用されている。情報収集の漏れを防ぐことができ、関係者が情報を共有する際にも活用できる。

4）計画化（プランニング）

アセスメントで集積した情報を分析した結果、いよいよ支援開始に向けての計画を立てるのがこの場面である。生活課題の解決に向けた援助目標と具体的にどのような支援をするかを表した援助計画を作成する。ニーズは複数あり、一足飛びには解決するものばかりではない場合、優先すべきニーズ、短期的、長期的に関わるべきニーズを評価し、計画に落とし込む。

多くの関係者と多職種連携で取り組む場合も多いことから、計画化の際にはケース会議で検討したり、計画の役割分担を決めて合意するプロセスも必要とされる。

なお、障害のある子どものサービスなど利用契約制度に基づくものについては、この段階で当事者との契約が結ばれるものである。納得してサービスが利用できるよう、ソーシャルワーカーは丁寧に内容を説明し、その上で利用の合意という手続きを行う。

5）援助活動（介入）の実施（インターベンション）

ソーシャルワーカーが、子どもや保護者に援助活動（介入）をしていく場面である。計画に従って、目標の達成に向けて必要なサービスを提供する。そのために、子ども、保護者に対する関わりと同時に、社会資源の活用を図り、関係者と連携を取りながら展開していく。ソーシャルワーカーの援助活動により、援助目標が達成され、困難な状況が改善されなくてはならない。

6）点検と評価（モニタリングとエバリュエーション）

ここでは、これまでのプロセスと援助活動を振り返り、本当にそれで効果があったのかどうか、他にもニーズが発生していないかなどを点検し、必要

とあれば情報取集と事前評価の段階へとフィードバックすることで、計画の見直しや改善を行う。

　子どもやその家族の生活は、ケースの発見時と同じ状態がずっと続くのではなく、時間の経過とともに変化していくものである。行っている援助により効果が出ているのであれば、評価を行い、援助の終結に向かう。見直しが必要であれば、計画の改善を行った上で支援を続けることになる。

7）終結と追跡調査（ターミネーション）

　援助目標が達成され、子どもや保護者のニーズが満たされ、生活が安定したと判断できれば、ソーシャルワークの過程も終結する。しかし、この時点から一定期間が経過した後にも、その後の生活に問題がないか追跡調査を行うこともある。新たなニーズが起きている場合には、再び相談に応じ、情報提供や地域で見守りを始めるなど、新たな支援を始めることになる。

3　子ども家庭福祉におけるソーシャルワーク実践例

　それでは、子ども家庭福祉の分野では、どのようにソーシャルワークが展開されるのだろうか。児童相談所や家庭児童相談室といった行政機関、保育所や児童養護施設等の児童福祉施設、そしてスクールソーシャルワーカーが配置される学校、地域で活動する NPO 等の市民団体などが主として想定できる実践の場だ。ここでは、ケースワークをイメージしてもらいやすくするために、家庭児童相談室を想定した実践例を紹介したい（注：内容は実例ではなく、筆者が簡易的に作成したもの）。図 7-1 の展開過程をイメージして理解を深めてほしい。

1）問題把握（ケースの発見）

　A 市の家庭児童相談室で働く家庭相談員の石川さんは、ある日、保育園の園長から子どもが身体的虐待を受けているのではないか？　という連絡を受けた。2 カ月前に A 市に転入してきた外国人夫婦の一人娘・桜ちゃん（4 歳）の額や頬に痣があることに気づいたという。

　A 市では「児童相談所運営指針」により 48 時間以内に子どもの安全を確認することになっており、石川さんは保育園の協力のもと、それを確認した

後に、この相談を受理することとなった。

2）導入（インテーク）

石川さんは保育園に出向き、母親と丁寧に関係づくりを行った。母親と保育園は関係が良く、園長への信頼関係があったため、おかげで石川さんもスムーズに話しかけることができた。その際、母親に桜ちゃんの様子を聞いても「自転車でこけた」「車に乗るときにぶつけた」など偶然に起こったものだという。桜ちゃんの額や頬には明らかな痣があった。本人に聞くと「パパ」といい、平手で"パン"とするしぐさをした（本人は、日本語がまだ自由に使えない）。

3）情報取集と事前評価（アセスメント）

石川さんは、桜ちゃんのケース会議を関係者と開くことにした。要保護児童対策地域協議会である。これで、保育園、市役所、児童相談所の3つの関係課と情報が共有でき、また、多職種の観点から意見が交わされて広く情報収集ができた。さらに深く情報を得るため、園長同行の上で、石川さんは家庭訪問を行った。母親が園長に信頼を寄せていたため石川さんのことも信用してくれ、今後何かあれば、直接連絡ができるようになった。

新たにわかったことは、両親は熱心に働きとても真面目な人柄であること、子どもに痣があることに対し、母親は何の困り感も持っていなかったこと、どうやら父親が、日本との文化の違い、価値観の違いからしつけでたたく可能性があるようであった。

4）計画化（プランニング）

再び、要保護児童対策地域協議会を開き、援助計画について検討した。その結果、次の援助内容が確認された。①、石川さんから父親に対し「たたくのは虐待、しつけでたたいてはいけない」ことを伝え理解してもらう、②、①を母親にも理解してもらう、③、子どもの発達面の育児困難があれば、A市の健康推進課で発達検査を受ける。フォローが必要なら療育教室につなげる、④、できるだけ保護者と園の関係を維持しつつ、経過を見守る。

このままけが・痣が続けば危険度が高いため、迅速に対応することになった。

5）援助活動（介入）の実施（インターベンション）

石川さんたちは、桜ちゃん一家に対し、支援を実際に実行した。関係のよい母親から、父親に在宅しておいてもらう旨を依頼して、再び家庭訪問を行い父親と対面した。園長、石川さんのこれまでの関わりから、話を拒否することなくしっかりと聴いてくれた。やはり、しつけでたたいてはいけないという意識がなかったようで、日本との子育ての違いが今回の事態に至ったことがわかった。なお、桜ちゃんには日本語の上達は遅れがあるが、発達検査の必要はなかった。

6）点検と評価（モニタリングとエバリュエーション）

関係者の援助活動が実り、父親、母親ともに石川さんの働きかけを理解してもらえ、育児への支援も今のところ必要なく、その後は桜ちゃんにけがや痣のないことは保育園で日々、点検してもらっている。両親の母国では、しつけと称して子どもをたたくことが特別視されない文化があり、本人もそうして育ってきたので指摘されるまで虐待にあたることなど気がつかなかったという。このように、ニーズが解決されるにあたり、評価を行い終結へと向かった。

7）終結と追跡調査（ターミネーション）

石川さんの関わりは一旦終わったが、慣れない日本の暮らしの中では生活ニーズがいつ起きてもおかしくはない。桜ちゃんが小学校に入学すれば、環境は激変し、本人、両親それぞれに、さまざまな課題が生まれてくる。困ったときには、いつでも家庭相談員に相談してもらえるよう、今後も定期的に見守りを続け、必要に応じて適切な支援をすることになった。

第3節　子ども家庭福祉に携わる専門職

前節では、ケースワークの展開過程に則って事例を紹介してきたが、最後に、子ども家庭福祉に携わる専門職について確認しておきたい。所属機関・施設や担当によって、主たる業務がケアワークとなる専門職もいる。しかし、すべての専門職はソーシャルワークを担う多職種の一員であることは違いな

い。どのような専門職と連携するのかを把握しておくことも大切だ。

　ここでは、現場で奮闘する専門職の概要を説明する（表7-2を参照）。

1　保　育　士

　保育士は、児童福祉法第18条の4に規定される国家資格である。保育に関する専門知識と技術を持ち、子どもの保育とその保護者に対する保育に関する指導を行うとされる。保育士になるには、厚生労働省が指定する保育士養成校（大学や短大、専門学校など）を卒業する方法と、都道府県が実施する保育士試験に合格し、都道府県に登録する方法がある。

　待機児童問題で注目が集まる保育士だが、保育所のみならず、多くの児童福祉施設には必置義務があるため、各施設でのケアの中核を担うことになる。子どもの育ちにおける保育士の役割はきわめて大きい。ソーシャルワークの視点でいえば、保育所では子育てに悩みのある保護者支援や障害児への支援が特に求められている。また、児童養護施設などの入所施設ではインケア、リービングケア、アフターケアと支援が進む中、その時々の子どもの成長に適した関わりや保護者支援、社会資源とのネットワーキングなどが求められる。保育士はこれまでもこれからも、子ども家庭分野の要となる専門職である。

2　児童指導員・児童自立支援専門員・児童生活支援員・母子支援員

　ここに登場する4つの専門職に共通するのは、いずれも任用資格ということだ。任用資格とは、ある一定の要件を満たし、その職に就いたなら、この名称を名乗ることのできるという性格の資格である。その職種に就くには、それぞれの資格ごとに任用要件が定まっている。

　①児童指導員　　社会福祉士・精神保健福祉士いずれかの有資格者、あるいは4年制大学で心理学、教育学、社会学（社会福祉学を含む）を専修する学科を卒業した者などが任用要件である。児童養護施設や障害児入所施設などにおいて、児童の生活指導や処遇計画の作成、生活全般におけるケアの中心的な役割を果たし、親子関係の調整などソーシャルワーク機能も担当する。

表7-2　主な子ども家庭福祉分野の専門職

名称	根拠法令等	要件等	役割
保育士	児童福祉法第18条の4	国家資格	専門的な知識と技術を持ち、子どもの保育とその保護者に対する保育に関する指導を行う。
児童指導員		任用資格	児童養護施設などの児童福祉施設において、児童に対して安定した生活環境を整える。生活指導、学習指導、職業指導および家庭環境の調整をする。
児童自立支援専門員	児童福祉施設の設備及び運営に関する基準	任用資格	児童自立支援施設で、生活指導、学習指導、職業指導および家庭環境の調整をする。
児童生活支援員		任用資格	児童自立支援施設で、生活指導、学習指導、職業指導および家庭環境の調整をする。
母子支援員		任用資格	個々の母子の家庭生活および稼働の状況に応じ、就労、家庭 生活および児童の養育に関する相談、助言および指導並びに連絡・調整をする。
家庭支援専門相談員	児童福祉施設の設備及び運営に関する基準	任用要件あり	家庭支援専門相談員（ファミリーソーシャルワーカー）は、児童相談所との密接な連携のもと、入所児童の早期家庭復帰、里親委託等を目的として相談・指導を行う。
里親支援専門相談員	家庭支援専門相談員、里親支援専門相談員、心理療法担当職員、個別対応職員、職業指導員及び医療的ケアを担当する職員の配置について（局長通知）	任用要件あり	里親支援専門相談員は、児童養護施設と乳児院に配置される。児童相談所の里親担当職員などと連携して、所属施設の入所児童の里親委託を推進する。里親の新規開拓や、里親向けの研修、アフターケアとしての相談対応などを行う。
児童福祉司	児童福祉法第13条	任用資格	児童相談所に配置される。市区町村長の協力のもと、児童相談所長の指示を受けて、児童の保護や児童の福祉に関する事項について相談に応じ、専門的技術に基づいて必要な指導を行う。
児童心理司	児童相談所運営指針	任用資格	児童相談所に配置される。心理学の知識をもって児童やその保護者の心理診断を行う。
家庭相談員	家庭児童相談室の設置運営について（事務次官通知）	任用資格	福祉事務所内にある家庭児童相談室に配置され、子どもの児童を育てる上でいろいろな問題を抱えている保護者に対し、助言や指導を行う。

出典：厚生労働省「社会的養護における職種別任用要件等」2014年、独立行政法人 福祉医療機構「福祉のしごとガイド　資格・職種編」2019年を参考に作成。

②**児童自立支援専門員・児童生活支援員**　児童自立支援施設で勤務する専門職である。両者は任用要件が少し異なるが、社会福祉士を有する点は共通している。共に生活指導、職業指導、学科指導を行い、家庭環境の調整などソーシャルワーク機能も担当する。

③**母子支援員**　母子生活支援施設で勤務する専門職である。保育士や社会福祉士を有する、2年以上児童福祉業務に従事した者などが任用要件である。母子の家庭生活の状況に応じ、就労、家庭生活および子どもの養育相談を行うなど、母の生活支援を行うソーシャルワーク機能も担当する。

3　家庭支援専門相談員（ファミリーソーシャルワーカー）

　家庭支援専門相談員（ファミリーソーシャルワーカー）は、その名の通り、施設内にてソーシャルワークを行う専門職である。任用要件があり、「社会福祉士若しくは精神保健福祉士の資格を有する者、児童養護施設等（里親を含む）において児童の養育に5年以上従事した者、児童福祉法第13条第2項各号のいずれかに該当する者（児童福祉司資格）」と定められている。

　業務の対象は、入所している子どもと保護者の家族関係にほかならない。児童相談所との密接な連携のもと、入所児童の早期家庭復帰、里親委託等を目的として相談・指導を行う。乳児院や児童養護施設、児童心理治療施設、児童自立支援施設に配置が義務づけられ、資格要件は社会福祉士、精神保健福祉士、施設において5年以上従事した者または児童福祉司の任用資格を有する者とされている。

4　里親支援専門相談員（里親支援ソーシャルワーカー）

　里親支援専門相談員は里親支援ソーシャルワーカーとも呼ばれる。任用要件にも、ソーシャルワークの文言が入っており、具体的には、次の通りである。「社会福祉士若しくは精神保健福祉士の資格を有する者　児童福祉法第13条第2項各号のいずれかに該当する（児童福祉司資格）、児童養護施設等（里親を含む）において児童の養育に5年以上従事した者であって、里親制度への理解およびソーシャルワークの視点を有するもの」。

児童養護施設および乳児院に地域の里親およびファミリーホームを支援する拠点としての機能をもたせ、児童相談所の里親担当職員、里親委託等推進員、里親会等と連携して、所属施設の入所児童の里親委託の推進、退所児童のアフターケアとしての里親支援、所属施設からの退所児童以外を含めた地域支援としての里親支援を行い、里親委託の推進および里親支援の充実を図ることを目的としている。

5　児童福祉司・児童心理司

　児童福祉司、児童心理司は、いずれも児童相談所に配置される任用資格である。その職種に就くには、それぞれの資格ごとに任用要件が定まっている。

　第3章にあるように、児童相談所には子ども家庭分野の相談が多岐に寄せられている。特に、虐待対応が急増しており、福祉と心理、両面からの専門的なアプローチが求められる。

　①児童福祉司　　各種の相談を受ける専門職である。

「1.　厚生労働大臣の指定する児童福祉司若しくは児童福祉施設の職員を養成する学校その他の施設を卒業し、又は厚生労働大臣の指定する講習会の課程を修了した者

　2.　学校教育法に基づく大学又は旧大学令に基づく大学において、心理学、教育学若しくは社会学を専修する学科又はこれらに相当する課程を修めて卒業した者であつて、厚生労働省令で定める施設において1年以上児童その他の者の福祉に関する相談に応じ、助言、指導その他の援助を行う業務に従事したもの

　3.　医師

　4.　社会福祉士

　5.　社会福祉主事として、2年以上児童福祉事業に従事した者

　6.　前各号に掲げる者と同等以上の能力を有すると認められる者であつて、厚生労働省令で定めるもの」の中から任用されなくてはならないとされている。

　子どもや保護者等が置かれた環境、生じている問題と環境との関連性、社

会資源の活用の可能性などを明らかにするための調査や、調査結果に基づいてどのような援助が必要であるか判断するための診断を行い、子ども、保護者、関係者などに必要な支援と指導を行う。子どもと保護者等の関係調整を行う。

②児童心理司　子どもや保護者等からの相談に応じ、診断面接、心理検査、観察等によって子ども、保護者等に心理診断を行うこと、また子ども、保護者、関係者等に心理療法、カウンセリング、助言指導等を行うことが職務である。任用要件は、「1. 医師であって精神保健に関して学識経験を有する者　2. 大学において心理学を専修する学科等の課程を修めて卒業した者等とする」とされている。

なお、児童相談所の体制として、この両職種のほかに、所長、精神科医や小児科医、弁護士も配置も規定されている。多職種連携によるチームで対応にあたっている。

6　家庭相談員

第3章で紹介されている福祉事務所の中に「家庭児童相談室」が設置されている自治体も多く、そこに配置されるのが家庭相談員である。任用資格であり、その要件は「1. 大学で児童福祉、社会福祉、児童学、社会学、心理学、教育学のいずれかを修めた者　2. 医師の免許を有する者　3. 社会福祉主事として2年以上児童福祉の仕事に従事した者　4. 上記1〜3に準ずる者で、家庭相談員の業務に必要な学識経験を有する者」、さらに、子どもの問題解決という難しい性質から知識とあわせて豊富な人生経験も必要であるとされる。広域的な児童相談所では対応できない居住地域、つまり、市や郡部を単位に子どもの健全育成に関する専門的な相談を受け付け、児童相談所および市町村の関係機関との連携を行い地域全体で子育て支援を行っている。具体的な相談内容は、不登校や学校での人間関係、家族関係、性格・生活習慣の問題、発達や言葉の遅れ、虐待、非行など多岐にわたっており、問題を抱えた保護者と直接会って相談にのる、民生委員、スクールソーシャルワーカーなど地域の社会資源との連携を図るほか、電話や手紙などでも対応している。

第4節　子どもの権利を守るためのソーシャルワーク

　最後に、ソーシャルワーカーの拠り所となるソーシャルワークの定義を紹介しておきたい。国際ソーシャルワーカー連盟（International Federation of Social Workers、略称はIFSW）が定めた最新の定義は、次の「ソーシャルワークのグローバル定義」である。

　　「ソーシャルワークは、社会変革と社会開発、社会的結束、および人々のエンパワメントと解放を促進する、実践に基づいた専門職であり学問である。社会正義、人権、集団的責任、および多様性尊重の諸原理は、ソーシャルワークの中核をなす。ソーシャルワークの理論、社会科学、人文学、および地域・民族固有の知を基盤として、ソーシャルワークは、生活課題に取り組みウェルビーイングを高めるよう、人々やさまざまな構造に働きかける。

　　この定義は、各国および世界の各地域で展開してもよい。」

　現代社会において、ソーシャルワーカーに求められることが凝縮されているもので、現場実践で困ったとき、迷ったときに立ち戻りたい一文である。人権の原理はソーシャルワークの中核だという個所があり、児童福祉法第1条にも児童の権利に関する条約の精神が書き込まれている。子どもの権利を保証するために、ソーシャルワークの力が発揮され、それぞれの現場でより良い支援につながるよう期待したい。

【引用・参考文献】
相澤譲治・井村圭壮『社会福祉の相談援助』久美出版、2012年
大江ひろみ・山辺朗子・石塚かおる編著『子どものニーズをみつめる児童養護施設のあゆみ―つばさ園のジェネラリスト・ソーシャルワークに基づく支援―』ミネルヴァ書房、2013年
角山榮・川北稔編『路地裏の大英帝国：イギリス都市生活史』平凡社、2001年
空閑浩人編著『ソーシャルワーク』中央法規出版、2015年
厚生労働省「社会的養護における職種別任用要件等」ホームページ

（https://www.mhlw.go.jp/file/05-Shingikai-11901000-Koyoukintoujidou-kateikyoku-Soumuka/0000057362.pdf）

桜井慶一・宇﨑正宇編著『福祉施設・学校現場が拓く児童家庭ソーシャルワーク』北大路書房、2017 年

社団法人日本社会福祉士養成校協会監修、門田光司・富島喜輝・山下栄三郎・山野則子編集『スクール［学校］ソーシャルワーク論』中央法規出版、2012 年

独立行政法人 福祉医療機構ホームページ

（https://www.wam.go.jp/content/wamnet/pcpub/jidou/handbook/service/）

橋本好市・直島正樹編著『保育実践に求められる子ども家庭支援』ミネルヴァ書房、2019 年

吉田明弘編著『児童福祉論：児童の平和的生存権を起点として（第 3 版）』八千代出版、2016 年

第8章

子ども家庭福祉をめぐる諸課題

　本章では、子ども家庭福祉に関する課題をコラムとして取り上げる。テーマは、各執筆担当者の問題意識に基づき設定した。したがって、コラムで論じられている内容は、必ずしも共著者の共通の見解ではないことを断っておきたい。あえてこのような方針で編集をした結果、本書が一つの論になったのではないかと思う。

　読者は、それぞれの論者の意見を手がかりに、自身の考えを整理してほしい。ここに並ぶコラムは、それにふさわしいものばかりである。活用を期待する。

（編著者）

1 子育ての原理—りんご農家に学ぶ子育て—

　皆さんは、NHK 総合テレビで放送されている「プロフェッショナル 仕事の流儀」というドキュメンタリー番組をご存じだろうか。

　各界の第一線で活躍する人の「仕事の流儀」を紹介したもので、これまでに落語家・弁護士・ホームレス支援者・陸上コーチ・漫画家・医師・指揮者・ウィスキーのブレンダー・コンビニエンスストア社長・ユニセフ職員など多様な職業に従事する人が取り上げられている。仕事の内容や活躍する場は違っても、それぞれの仕事の流儀から働くことの意味や人生のあり方について学ぶことが多い。

　これまでのオンエアー中で、筆者がとくに印象に残っているのは、化学肥料を断ち、日本で初めて完全無農薬のりんご栽培を成功させた農家・木村秋則の仕事ぶりを紹介した「りんごは愛で育てる」（2006 年 12 月 7 日放送）である。

　テレビ番組によると、「りんごは、病気や害虫にきわめて弱く、農薬を使わない栽培は不可能」らしい。そんな中、木村が「奇跡のりんご」を栽培するために採った方法は、雑草を伸び放題にし、りんご畑をできるだけ自然の生態系に近づけるというものであった。つまり、益虫と害虫のバランスを整えることで、農薬や化学肥料に頼らないりんご作りを可能としたのだ。

　自身の栽培理論について、木村はこう述べる。

　「従来は—私もそうでしたが—生産のために害になるものはすべてなくしていこうという発想でしたよね。益虫であれ害虫であれ、すべて農薬で駆除してしまうわけです。それは、自然の生態系とはほど遠いものだったと思うんです」

　人為が及ばない自然林では、生態系のメカニズムが働き、益虫が害虫を駆除し、健全な秩序が保たれている。それを、果樹園に応用すれば、りんごが実るという理屈である。しかし、現実は厳しいものだった。

　無農薬栽培を始めたものの、りんごは 1 つも収穫できず、極貧生活を余儀なくされたという。収穫がなければりんご農家はやっていけない。木村は、アルバイトで家族 4 人を養う。

　しかし、無農薬栽培をはじめて 8 年目の春、果樹園いっぱいにりんごの花が咲いた。化学肥料漬けの畑が、自然の生態環境を再び取り戻すために、長い歳月がかかったのだ。

　当時の心境を木村は、「ずっと肥料も農薬も与えず、虫がついて葉が落ちても、そのまま耐えさせてきたわけですから。人間にたとえるなら、ごはんも食べさせないで、何年も『生きなさい』と言いつづけるのと同じように過酷なことを、私はりんごの木に強いてきたんですよ。その苦しさを越えて花を咲かせてくれたことに、本当に感謝しました」と述懐する。

　以上のように、りんごの木と"格闘"する中で、木村が得た仕事の流儀は「育てない。手助けするだけ」であり、「主人公はりんごの木。答えはりんごの木に聞

け」というものだった。

　その真意を、木村は次のように語る。

　「りんごの木は、私にとって友だちですね。それも、命を分け合った友だち。まさしく一心同体ですよ。私はりんごの木が育ちやすいようお手伝いしてあげるし、その分、りんごは実りを私にもたらしてくれる」

　筆者は、木村のりんご栽培を支える仕事の流儀に、子育てとの共通点を感じる。もちろん、りんご栽培を単純に子育てにあてはめることはできないが、「育ち」という面では通じる部分があるように思う。

　子どもたちは、生来、さまざまな社会関係の中で、自らの人生を切り拓いていく力を持っている。その子どもの「育つ力」を信じ、彼らの育ちを支えるような社会環境づくりが大人の責任であるとするならば、まさに「手助けをする」ことが私たち大人に課せられた役割といえるのではないか。

　近ごろの学校や家庭での教育をめぐる議論を見ていると、教師や親の指導力の向上に関心が集まっている。しかし、「指導」という観点は大人が優位に立った発想であり、子どもに備わった「育つ力」の軽視につながるおそれがある。できるだけ大人が子どもの生き方を邪魔しないように見守りながら、彼らの「育ち」を「手助け」することが、りんご栽培同様に、子育てにおいても大切だと思う。木村の流儀に倣うならば、「子どもが育ちやすいようお手伝いしてあげる」視点が大人に必要である。

　筆者は、短期間ながら中学校での教師経験を有する。その後、大学教師になって児童福祉の研究を始めたものの、子どもとつきあえばつきあうほど、また子どもの世界を学べば学ぶほど、正直なところ、かえって彼らのことがますます"わからなく"なっている。

　その原因を、自分の未熟さに求めた時期もあったが、ひょっとすると子どもの世界のすべては、どこまでいっても大人には理解できないのではないかという結論にいたった。わからないのに、先回りをして子どもの「指導」は不可能である。

　木村がいう「主人公はりんごの木。答えはりんごの木に聞け」とはまさに真理で、「主人公は子ども。答えは子どもに聞け」という姿勢を持つことにより、子どもの世界への仲間入りを私たちは許される。彼らに仲間の一員として認められたとき、初めて本当の子育てのあり方が見えてくるのかもしれない。

【引用・参考文献】

茂木健一郎・NHK「プロフェッショナル」制作班編『プロフェッショナル　仕事の流儀⑫』日本放送協会、2007年

日本放送出版協会企画・制作「プロフェッショナル仕事の流儀／りんごは愛で育てる／農家木村秋則の仕事」NHK エンタープライズ、2007年

吉田明弘「『子育て支援』をめぐる課題」（皇學館大学月例文化講座 9「小さな政府論が提起する新しい福祉課題」皇學館大学出版部、2007年）

2 公的責任のもとでの子どもの生活保障
―「自助」「共助」の前提としての「公助」の充実を―

　近年の社会福祉は、「地域共生社会」「地域包括ケアシステム」などと称して、「共助」や「互助」を強調した地域福祉が推進されている。子どもに対する地域福祉活動でいうと、例えば、子ども食堂の拡大がある。子ども食堂は、公的な定義はないものの、一般に「子どもに対して無料または低額な料金で食事を提供する場」として理解されている。わが国の子どもの6〜7人に1人が貧困状態にあるとされる中、2012年ごろから始まったとされ、月に数回、地域のボランティアなどによって、低所得世帯の子どもや親の帰宅が遅い子ども向けに食事を提供したり、居場所を提供したりといった支援をしている。NPO法人「全国こども食堂支援センター・むすびえ」が、2018年4月から2019年5月に行った調査によると、子ども食堂は全国に3718カ所あることがわかった。これは過去最高の数であり、これ以降も増加し続けている。

　子ども食堂は、地域の子どもたちのためにという思いに突き動かされたボランティア等による草の根的な取り組みであり、志を持った人々の活動が活発化することは重要である。しかしながら、そもそも、このような食堂を作らなければならない現代社会は異常であるといわざるを得ない。なぜならば、本来は、子どもの貧困に対峙して、親の所得保障や子育て支援を含め子どもの生活保障をする役割を負っているのは国のはずだからである。

　わが国の日本国憲法ならびに児童福祉法には、次の通り定められている。

【日本国憲法第25条　生存権】すべての国民は、健康で文化的な最低限度の生活を営む権利を有する。
2　国は、すべての生活部面について、社会福祉、社会保障及び公衆衛生の向上及び増進に努めなければならない。
【児童福祉法第1条】　全て児童は、児童の権利に関する条約の精神にのつとり、適切に養育されること、その生活を保障されること、愛され、保護されること、その心身の健やかな成長及び発達並びにその自立が図られることその他の福祉を等しく保障される権利を有する。
【児童福祉法第2条】　全て国民は、児童が良好な環境において生まれ、かつ、社会のあらゆる分野において、児童の年齢及び発達の程度に応じて、その意見が尊重され、その最善の利益が優先して考慮され、心身ともに健やかに育成されるよう努めなければならない。
2　児童の保護者は、児童を心身ともに健やかに育成することについて第一義的責任を負う。
3　国及び地方公共団体は、児童の保護者とともに、児童を心身ともに健やかに育成する責任を負う。

生活の基本である食事さえ満足にできていないのであれば、憲法第25条でいうところの「健康で文化的な最低限度の生活を営む」ができておらず、児童福祉法第1条でいうところの「適切に養育されること、その生活を保障されること、愛され、保護されること、その心身の健やかな成長及び発達並びにその自立が図られること」が実現されていないのである。ともすれば、子ども食堂のような「共助」の取り組みによって子どもの空腹を賄うのではなく、憲法や児童福祉法に定めるように国の責任として、「公助」のもとで子どもたちの生活を保障し、心身の健やかな成長と発達並びに自立ができる環境を整えなければならないのである。鶴他（2019）は「子どもの貧困は、社会保障や社会福祉制度の不足でしか発生原因の説明がつかない事態ともいえる。いわゆる『公助』領域の不足である。この充実なくして、貧困や格差、生活困窮の問題は改善しない。しかし、相変わらず『共助』でなんとかなるのではないか、公的責任を縮小していきたい、という思惑が垣間見える。」と述べているが、筆者もその通りであると考える。誠に残念ながら、わが国の社会福祉の現状は、貧困家庭の支援や子育て支援など本来は国が行うべき給付、いわゆる「公助」を削減し、自らの努力による「自助」を強調するとともに、地域の絆や支え合いなどを活用した「共助」「互助」を推進する脆弱な社会福祉へとシフトしていると言わざるを得ない。「公助」を縮小し、その予算を地域の支援者、「共助」の担い手に配分して「共助」を強く求めていくことよりも、まずは貧困を生まないための当事者に対して、「公助」として直接支給を十分に行うことが急務である。

　子どもたちがどのような家庭に生まれても、健やかに育つ権利が等しく保障され、教育の機会を広げ、貧困の連鎖を断つことは、消費増税を持ち出すまでもなく、国が最優先に取り組まなければならない課題の一つである。子どもの貧困、子育て困難が広がっている今こそ、貧困の連鎖を断ち切り、公的責任のもとで子どもの保育、教育、子育て支援を拡充し、十分な財源を確保することが必要である。一人ひとりの子どもたちが輝く未来のために、すべての子どもの安心・安全な生活保障がなされる社会の実現を求めていきたい。

【引用・参考文献】
鶴幸一郎・藤田孝典・石川久展・高端正幸『福祉は誰のために―ソーシャルワークの未来図―』へるす出版、2019年
吉田明弘『社会福祉の見方・考え方』八千代出版、2018年
里見賢治『現代社会保障論―皆保障体制をめざして―』高菅出版、2010年

3 子どもを育み、温かく見守る寛容性を失った社会が 行き着く先—子育ての自己責任を乗り越えて—

　世界の人口は急速に高齢化が進み、出生率の低下と平均寿命の上昇によって、世界中で高齢化が進む傾向にある。2018 年には初めて 65 歳以上の人口が 5 歳以下の人口を上回った。そして、わが国においても急速な少子高齢化の進展が社会問題となっている。『平成 30 年版厚生労働白書』によると、わが国の合計特殊出生率は、2005 年に 1.26 となり、その後、横ばいもしくは微増傾向であることが報告されている。2018 年も 1.42 と依然として低い水準にあり、長期的な少子化の傾向が継続している。2017 年に国立社会保障・人口問題研究所が発表した「日本の将来推計人口」によると、現在の傾向が続けば、2065 年には、わが国の人口は8808 万人となり、1 年間に生まれる子どもの数は現在の半分程度の約 56 万人となって、高齢化率は約 38 ％に達するという見通しが示されている。

　このようにわが国の少子化が急速に進んだ背景に、人口の多かった団塊ジュニア（主に 1971 年から 1974 年までに生まれた世代）やポスト団塊ジュニア（主に1975 年からから 1984 年までに生まれた世代）の未婚率が上がったことがある。それは企業が生き残りのために、正社員雇用を絞り、派遣社員、アルバイトなどの非正規雇用で不安定な働き方を進めたために起こったのである。雇用が不安定化し、所得も低下し、家族の自助機能も失われつつある中でも、「自助」「自立」が当然のこととして要求される現代社会において、どうやって安心して子育てができるだろうか。また、正規雇用であっても、賃金は上がらず、長時間労働が常態化し、年次有給休暇さえ満足に取得することが難しいわが国において、どうやって仕事と子育ての両立をしていけばよいのだろうか。安定した職を得て、子どもを持ちたいと望む人が、安心して結婚や出産をし、心豊かに仕事と子育ての両立ができる環境の構築を社会全体で考えなければ、少子化を食い止めることはできないだろう。

　近年、政府は少子化対策の一つとして待機児童の解消を打ち出している。しかし、今もなお待機児童の問題は解決できないままである。待機児童の解消が進まない原因の一つとして、「子どもを社会で育てる」という意識が国民に根づいていないことが考えられる。すなわち、子育ては自己責任であるという意識を持っているということである。市区町村では、保育所等の建設を計画するものの、地元住民の反対によって計画を断念せざるを得ないといった事案が絶えない。また、相次ぐ虐待事件が社会問題化する一方で、虐待にあっている子どもたちを受け入れる施設の建設はなかなか地域で受け入れられないという事態も起こっている。必要な支援を受けるタイミングを失ったまま、子どもや親がどんどん孤立し、問題はさらに深刻化して、最悪の事態にまで陥ってしまうというケースは後を絶たない。このような状況では、どれだけ子育て支援策を充実させようとしても進まず、反対を押し切って無理に進めたところで利用のしづらさを感じてしまうだろ

う。いつからわが国は子どもや子育てに寛容でなくなったのであろうか。子どもの声が聞こえない社会に明るい未来はあるだろうか。

わが国では、子どもの虐待ニュースが流れると、真っ先に母親を非難する声があがる。しかし、非難する前に、同じことが再び起こることのないよう、なぜこのような事態になってしまったのか、どのような環境に親子は置かれていたのか、私たちはどうしたら親子のSOSに気づくことができるのかを考えていかなければならない。子育てを自己責任とし、子どもや親の話を聞いて、寄りそう気持ちなく他人を非難することは、何の救いにもならず、むしろ親を追い詰め、さらなる虐待を生みかねないことに私たちは気づかなければならない。筆者は、自己責任を強調したり、他人の問題を自分に置き換えて考えたりするのではなく、自分を他人の立場に置き換えて、その人の気持ちを想像し、何が必要かを考えてみることで、社会の一員である自身に何ができるか、何をしなければならないかが見えてくるのではないだろうかと考える。

子どもを社会の子としてとらえず、子育ては自己責任、ひいては母親の責任とし、社会全体で子どもを育み温かく見守る寛容性を失えば、少子高齢化どころか、未来さえ見えない時代の始まりである。子どもを育てるということは、未来の国民、つまり国を育てているのと同じである。社会福祉制度や子育て支援政策の充実はもちろん必要なことであるが、それとともに、一人ひとりの大人が、社会全体で子どもを育てるという意識を持ち、さまざまな困難に直面し、悩み、苦しみ、耐えている子どもたちを守り、育む思いを持った社会の構築をすることが、今求められているのではないだろうか。

【引用・参考文献】
和田秀樹『この国の冷たさの正体——億総「自己責任」時代を生き抜く—』朝日新聞出版、2016年

杉山春『児童虐待から考える—社会は家族に何を強いてきたか—』朝日新聞出版、2017年

ヤシャ・モンク『自己責任の時代—その先に構想する、支えあう福祉国家—』みすず書房、2019年

4 子育中のママたちは、なぜ地域子育て支援拠点に来るのだろうか？

　最近の子育てを象徴する言葉に「ワンオペ育児」がある。その言葉の語源をひもとくと、ワンオペレーション、すなわち「one＝一人」での「operation＝操作、運転、運用、稼働」ということから派生して、コンビニなどのお店で人手不足の時間帯に１人の従業員にすべての仕事を任せている状態を表した言葉を育児に当てはめたものである。具体的には子育てや家事などをすべて一人でこなさなければならない状況のことで、母親である女性がそれを担うことが多い。そのこと自体は今に始まったことではないが、なぜこのようにいわれるようになったのだろうか。

　内閣府の「平成28年社会生活基本調査」によると、2016年におけるわが国の６歳未満の子どもを持つ人の１日あたりの家事・育児関連時間は、妻が７時間34分なのに対し、夫は１時間23分である。このうちの育児時間は、妻が３時間45分、夫が49分となっている。これをアメリカ、イギリス、フランス、ドイツ、スウェーデン、ノルウェーの先進国で比較すると、わが国の夫の育児時間はフランスの40分に次いで短い。しかしながらフランスは妻の育児時間が１時間57分なので、夫婦の育児時間に占める夫の割合は25.5％である。一方日本の場合は17.9％なので、このように割合で見ると先進国の中で最下位である。

　厚生労働省「国民生活基礎調査」において、17歳までの末子がいる母親の中で仕事をしている人の割合は、2016年が67.2％で、2018年には72.2％と増えている。逆に仕事をしていない母親の割合は年々減っている。また末子の年齢階級別に年次推移を見ると、「正規の職員・従業員」「非正規の職員・従業員」ともに年々上昇傾向となっていることから、女性には子育てや家事に加え仕事に携わる時間も多いことが、ワンオペ育児の一因だと考えられる。

　一方で仕事をしていなくても、24時間365日続く子育てを一手に担うのは大変なことである。特に子どもの年齢が低いときは、親も子育ての経験に乏しく、子どもはかわいくても子育てを辛く感じることもあるだろう。そんな姿を見て、「今の若い人たちは……」と眉をひそめる人もいる。第一次産業中心の時代は農業や漁業などで働く人が多く、その働くところと住むところが近かった。また三世代同居など家族や親族が近くに住むことが多く、地域の中でも人々が助け合って生活してきたことから、親だけでなく地縁・血縁に支えられて子育てを行うことができた。しかしながら、産業構造が変化しサービス業である第三次産業が増えると、働くところと住むところが離れるようになり、核家族のように血縁から離れて親だけで子どもを育てるようになる。また日常的に家から離れて職場へ働きに行くようになると、地域の中で生活する時間が少なくなり、地縁とも離れてしまう。そのため、地縁や血縁に助けられていた部分を誰かが担う必要ができ、1995年に地域子育て支援センターが誕生し、2008年に地域子育て支援拠点（以下「拠点」とする）へと発展した。

この拠点の利用者に対して、子育てひろば全国連絡協議会が 2015 年にアンケート調査を行ったところ、30 代が 66.5 ％、核家族は 86.2 ％、全体の 59.7 ％が子ども 1 人、母親の 9 割が働いておらず（そのうち 2 割が育児休業中）、自分の育った市区町村以外で子育てをしている「アウェイ育児」は 72.1 ％だった。このアウェイ育児をしている母親については、拠点を訪れるようになる前は「子育てをしている親と知り合いたかった」（75.1 ％）、「子育てでつらいと感じることがあった」（65.9 ％）、「家族以外の人と交流する機会があまりなかった」（62.1 ％）、「子育ての悩みや不安を話せる人がほしかった」（59.6 ％）など、つながりを求める項目が高くなっている。また拠点を利用するようになってからは、「子育てをしている親と知り合えた」（90.6 ％）、「配偶者に拠点での話をするようになった」（78.2 ％）、「子育てでつらいのは自分だけじゃないと思えるようになった」（74.1 ％）という回答が多い。

　この調査結果によって「アウェイ育児」という言葉が広まったが、同時期に放送された「NHK スペシャル・ママたちが非常事態！？」では、母親たちが育児を孤独でつらいと感じるのはなぜなのか、脳科学・生理学・進化学など、最新の科学で解き明かした。そこでは、母親には胎児を育む働きを持つエストロゲンの分泌量が妊娠から出産にかけて増えるが、それが出産を境に急減すると、母親の脳では神経細胞の働き方が変化し、不安や孤独を感じやすくなると説明された。そのような一見迷惑な仕組みが体に備わっている理由としては、人類が進化の過程で確立した「みんなで協力して子育てする」＝「共同養育」を本能的に欲しながら、核家族化が進む現代環境ではそれがかなわないので、ママ友とつながりたい欲求や育児中の強い不安・孤独感を生み出していると考えられている。またこの番組では、育児中の母親のストレス状態を心拍や副交感神経の変化から測定し、何をしているときに母親がリラックスして愛情が強められやすい状態になるかを調べた。すると意外なことに、夫が妻の育児相談に真剣に耳を傾けているだけでも、妻のリラックス状態が安定して続いていることがわかった。

　これらのことから、子育てはそもそも誰か一人が担うのではなくいろいろな人が携わるべきであり、昔はそれが地縁・血縁の中で自然にできていたが、産業構造の変化にともない、今はそれが難しくなっていることがわかる。子育てをしてストレスを抱えがちなときには、寄り添い、理解し、共感し、「よくがんばってるね」と認められることが大切である。ワンオペ育児やアウェイ育児をしている人たちは、そんな実家のような居場所を求めて、地域子育て支援拠点に来るのではないだろうか。

【引用・参考文献】

NHK スペシャル取材班『ママたちが非常事態！？』ポプラ社、2016 年
子育てひろば全国連絡協議会「地域子育て支援拠点事業に関するアンケート調査
　　2015」2016 年

5　社会的養護の子どもの意見表明権、参画の保障

　2016 年の児童福祉法改正を受け「新しい社会的養育ビジョン」では、「代替養育においては、子どもの意見表明権の保障が重要である。また、担当のソーシャルワーカーが特定した代替養育の場が子どもにとって必要かつ適切なものであるか否かについて聴取されるべきである。子どもの意見表明権を保障するために、子どもの年齢にかかわらず、子どもの希望を踏まえ、必要に応じてアドボケイトをつける制度が求められる」と示された。社会的養護のもとにいるときに、自分のケア等について意見表明する権利については、1994 年「子どもの権利に関する条約」を批准して以降、「子どもの権利ノート」の作成・配布、意見箱の設置、施設長への手紙、自立支援計画策定時・援助過程への子どもや家庭の意見尊重・参加、第三者苦情解決制度、第三者評価委員制度等のツールや仕組みがつくられ、施設生活の質を高めるために社会的養護の当事者が意見を表明する・参画する機会は増えてきている。しかし、すでに形骸化しているものや、自治体間や施設により程度の差もある。これら既存のツール・仕組みについて、作成過程も含めて、図 8-1「子どもたちの参画のはしご」を参考に、見直していく必要がある。また、ジニー・キー氏がシンポジウム「社会的養護の子どもの参加・参画をめぐって―当事者の声とそれを支える大人たちの役割―」（2017 年 12 月開催）で、「社会的養護のケアから離れたとき、なんの断りもなしに私の人生が決められる、そんな生活がやっと終わったと思った」という言葉から発表をはじめられた（永野他、2018：181）。彼女は、アメリカ合衆国・ワシントン州において、社会的養護の当時者として政策への参画を推し進めてきた第一人者である。社会的養護の措置決定に関わる意見表明・参画の権利保障はこれからであり、アドボケイト制度（代理人制度）の構築等の環境整備は、喫緊の課題である。

　日本においては 2001 年に、社会的養護の当事者である中村みどり氏が、カナダでの里親や施設等社会的養護のもとで育つ子どもたちとの交流体験を機に、高校 3 年生のときに日本で初めて社会的養護領域での当事者組織（Children's Views & Voice、通称 CVV）を仲間と立ち上げ、2015 年に厚生労働省の専門委員会の委員に選ばれ、当事者として発言してきている。

　「当事者ユースは社会的養護のエキスパートである」として、社会的養護の措置解除後の当事者による制度策定等への参画について、社会的養護の当事者だった山之内歩氏と佐藤智洋氏は、「制度策定のプロセスに当事者の声を：ヒアリングだけでなく、委員・構成員として当事者の参画（例：米国ワシントン州では、15 名の委員にインケア・ユースと元ユースの 2 名が入っている。また、児童福祉局には当事者ユースの評議会がある）。大人と子ども・若者が同じ立場で意見をいえる場が必要（参考・ユース参画のはしご）」（IFCA、2017：29、厚生労働省への提言書の一部より抜粋）と厚生労働省への提言書で述べている。米国ワシン

トン州のように、確実に当事者の意見が
政策の改善や決定に影響を与えるような
仕組み・制度が必要である。

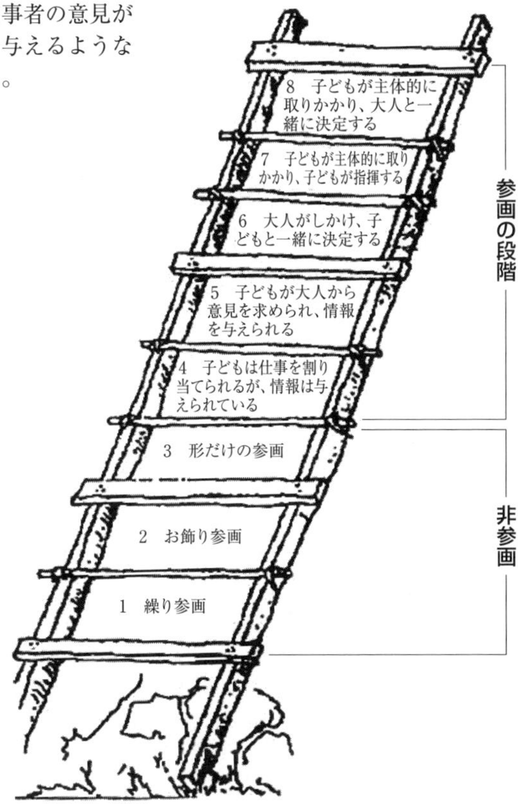

8　子どもが主体的に
取りかかり、大人と一
緒に決定する

7　子どもが主体的に取り
かかり、子どもが指揮する

6　大人がしかけ、子
どもと一緒に決定する

5　子どもが大人から
意見を求められ、情報
を与えられる

4　子どもは仕事を割り
当てられるが、情報は与
えられている

3　形だけの参画

2　お飾り参画

1　繰り参画

参画の段階

非参画

図 8-1　子どもたちの参画のはしご

出典：ロジャー・ハート（2009）42 ページより。

【引用・参考文献】

ロジャー・ハート著、木下勇・田中治彦・南博文監修、IPA 日本支部訳『子どもの参
　　画』萌文書院、1997＝2009 年
IFCA ユースプロジェクト「IFCA」Vol. 5、2017 年
日本子ども虐待防止学会「子どもの虐待とネグレクト」Vol. 20、No.2、岩崎学術出版
　　社、2018 年
日本子ども虐待防止学会「子どもの虐待とネグレクト」Vol. 21、No. 1、岩崎学術出版
　　社、2019 年
日本子ども虐待防止学会「子どもの虐待とネグレクト」Vol. 21、No. 2、岩崎学術出版
　　社、2019 年
永野咲他（2018）「社会的養護の子どもの参加・参画をめぐって―当事者の声とそれを
　　支える大人たちの役割―」（日本子ども虐待防止学会「子どもの虐待とネグレクト」
　　Vol. 20、No. 2、180-188 ページ）

6 児童養護施設退所児童の自立の困難さと社会的支援

　家庭のさまざまな事情により社会的養護の下で生活する児童は4万5000人（2016年度）に上る。また、約1万人（2015年度末）の児童が児童養護施設等を退所している。児童養護施設退所児童（以下、退所児童）の高校卒業後の進路は、大学等進学率は24％、就職率は70.4％である。全国の進学率74.1％、就職率18％と比較して、退所児童の大学等進学率は非常に低い。また、進学して自立した児童については、経済的負担や孤立感等の厳しい事情から卒業に至らず中途退学等になる事例が多くある。就職して自立した児童についても、離職率が高く、ホームレス生活となる割合も高い（若者ホームレスの12％）。また、通勤寮や障害者のグループホーム等で施設不調となり行き場を失う事例や、家庭復帰後の親子関係不調や再虐待により家を飛び出し支援から離れてしまう事例も多くある。

　自立する上で退所児童が、こうした課題を抱えざるを得ない背景には、被虐待59.5％、障害28.5％である入所理由や、児童の多くは家族を頼れず、退所後は一人で頑張らざるを得ない事情がある。虐待による影響は、大人の些細な言葉に反応して興奮しパニックを起こす、何気ない大人の言葉や態度がきっかけとなって虐待を受けていたときの感情や情緒がよみがえりフラッシュバックする、感情コントロールの障害、解離性障害、低い自己肯定感などがある（西澤、2000：90-118）。

　ここで、児童養護施設、自立援助ホームを経て就職・進学して社会に巣立った若者の声を一部紹介する（……は筆者による省略である）。

　「親からの暴力は、物心ついたときからずーっと続いている。……父が帰ってくると、顔を見るだけで恐ろしくて過呼吸が始まる。……母はとてもヒステリックで、普段は仲良しなのにスイッチが入ると目の色が変わって変身しちゃう。コードで首を締めたり、包丁で脅したり。……一人暮らしを始め、仕事を見つけて少しずつ生活は安定してきています。でも、昔受けた心の傷は、なかなかなおりません。……摂食障害……、睡眠も上手くとれません。……虐待を受けていたときから、体の感覚がなくなることはよくありました。……今でもたまに解離するのが自分でもわかります」（「四つ葉通信」Vol. 6）。この事例のように、精神疾患等を伴うこともある。他者に容易に理解されづらいこともあり、離職につながるリスク要因となっている。

　「物心ついたときからずーっと父からしばかれていた。奨学金で高校に進学した。……どうしても大学を卒業し、ちゃんとした仕事に就くことを希望した。……少しでも生活費を稼ぎたいので、アルバイトを2つ掛け持ちです。コンビニで毎夜間働き、金・土・日はスーパーの夜勤。さすがに最近、勉強とアルバイトの両立がきつくなってきましたね。父のことがあって男の人と話しをするのが苦手だし、……」（「四つ葉通信」Vol. 2）。このように強い意志と精神力で頑張っているが、

常に高い緊張感にあり、崩れるリスクと隣り合わせの生活である。

　社会的養護の施設等での生活は有期限での支援であり、子どもが抱えている課題すべての解決やその見通しに至らない場合もある。2004年児童福祉法改正により退所児童に対するアフターケアが児童養護施設等の業務に位置づけられ、近年では給付金制度（2016年）や社会的養護自立支援事業（2017年）など、公的支援の枠組みが整えられつつある。しかし、上記の事例に見るように、施設退所者の多くはさまざまな問題を複合的に抱えており、経済的支援はもとより、失敗・挫折しても再チャレンジできる支援、戻ってこられる居場所づくりの支援、医療費等の支援など、息の長い継続的な伴走型支援が求められる。また、こうした支援について、自治体間で格差が生じない財政的基盤の保障も必要である。

【引用・参考文献】

東京都社会福祉協議会児童部会従事者会調査研究部「中学生以上の子どものアフターケア〜青年期の支援〜」日本児童養護実践学会発表資料、2015年

認定NPO法人四つ葉のクローバー「認定NPO法人四つ葉のクローバーと支援者を結ぶ小冊子」Vol. 2、2016年

認定NPO法人四つ葉のクローバー「認定NPO法人四つ葉のクローバーと支援者を結ぶ小冊子」Vol. 6、2018年

西澤哲「子どものトラウマ」講談社現代新書、2000年

全国児童養護施設協議会「平成30年児童養護施設入所児童等の進路に関する調査報告書」2019年

7 全国に広がる「子ども食堂」の実態と可能性

「子ども食堂」。そう聞くだけで、子どもたちがたくさん集まり、賑やかで楽しそうなイメージが伝わってくる。

いま、全国で子ども食堂と銘打った取り組みが増えている。「NPO 法人全国こども食堂支援センター・むすびえ」（事務所・東京）の全国箇所数調査 2019 年版では、全国に少なくとも 3718 カ所あることが確認されている。もともと、子ども食堂と名づけられた食堂第 1 号が始まったのは 2012 年のこととされている。となると、わずか数年の間に急速に数を伸ばしたことになる。

その実態は、数名の子どもが集まる小規模なものから、100〜200 名が集う大規模なものまで、そして、特別な支援を要する子どもを対象としたものから、多世代交流を目的とするインクルーシブなものまで多岐に渡る。開催曜日や時間帯、頻度も主催団体によってまちまちだ。食堂数は地域差があり、先の調査によれば、東京都は 488 カ所、次いで大阪府（336）、神奈川県（253）と上位 3 県は大都市を抱える地域であり、秋田県（11）、富山県（15）、山梨県（16）とまだ少数の地域もみられる。しかし、今は急速に開設数が伸びる子ども食堂のいわばブームといってもよいほどで、これからも子どもをキーワードにした居場所作りは広がっていくとみられる。

湯浅（2017）によると、子ども食堂の形態は多様で、機能面から見ると、共生食堂とケア付食堂の 2 タイプが代表的だという（図 8-2）。

つまり、貧困や虐待など生活面で課題のある子ども家庭が集う居場所であれば

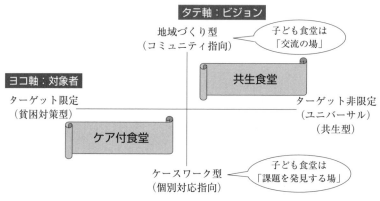

図 8-2 「共生食堂」と「ケア付食堂」

出典：湯浅誠『「なんとかする」子どもの貧困』角川新書、2017 年、77 ページより。

一人ひとりの子どもへの支援の視点がちりばめられた活動となり、そのような子どももいるかもしれないがとくに対象は限定せず、多世代に渡り、誰もが来ることができる広場のようなスタイルになるという意味である。

写真1 「西院おいでやす食堂」の様子。2021年現在はコロナ禍のため休止している（京都市西院老人デイサービスセンター提供）

子ども食堂を運営する主体は実にさまざまである。その特徴は、なんといってもボランタリーな気持ちが支える活動であるということだろう。子ども家庭支援の専門性をもつNPOや福祉施設から、住民団体やボランティアグループ、学校、企業など多種多様である。開催は、主催者によって週1回〜月1回程度、昼か晩かに設定される例が多く見られる。昨今のコロナ禍により、これまで通りの展開は厳しくなっているが、感染対策を施しながら、人数制限や弁当配布に切り替えるなど工夫をして子どもと家庭を支えている。

ここまで急増したのは、子どもの貧困対策として広がった側面もある。2013年「子どもの貧困対策の推進に関する法律」が成立し、2014年から施行されている。子どもの貧困率が広く知られるようになり、貧困対策が求められるようになる社会の機運が市民の気持ちを後押ししたともいえる。

子どもやその保護者にとって、地域の中に誰かとつながり困ったときには相談できる居場所の存在があることは非常に重要である。それは孤立・孤独の時代といわれる昨今では、どの年代にとっても必要なニーズでもある。地域の中に、子どもから大人まで顔を合わせるよりどころが、やがてどの地域にも当たり前にある時代が近い将来やってくるのかもしれない。学生の皆さんにも、最寄りの子ども食堂で子どもたちと一緒にご飯を食べたり、ボランティアに参加したりして、学生時代に子ども食堂にぜひ触れてみてもらいたい。

【引用・参考文献】

NPO法人全国こども食堂支援センター・むすびえ「こども食堂・最新箇所数調査」2019年（https://musubie.org/wp/wp-content/uploads/2019/06/190626第一部：ポイント-1.pdf）

湯浅誠『「なんとかする」子どもの貧困』角川新書、2017年

8 チーム学校とスクールソーシャルワーク

　いじめや不登校、児童虐待、自殺、暴力行為、子どもの貧困、災害、LGBT など、子どもたちが抱える問題は多岐に渡る。このような問題が生じたときに子どもたちが置かれた「環境」へ働きかける専門職として、学校現場におけるソーシャルワーカー＝スクールソーシャルワーカー（以下、SSW とする）がいる。

　生徒指導に関する学校・教職員向けの基本書である『生徒指導提要』には、「スクールソーシャルワーカーは、社会福祉の専門的な知識、技術を活用し、問題を抱えた児童生徒を取り巻く環境に働きかけ、家庭、学校、地域の関係機関をつなぎ、児童生徒の悩みや抱えている問題の解決に向けて支援する専門家です。児童生徒の問題行動の背景には、児童生徒の心の問題とともに、家庭、友人関係、地域、学校など児童生徒の置かれている環境の問題があります。その環境の問題は、複雑に絡み合い、特に学校だけでは問題の解決が困難なケースも多く、積極的に関係機関と連携した対応が求められています」と書いてある。すなわち、この SSW は、本人や家族などのミクロレベルだけでなく、学校組織であるメゾレベルや地域などのマクロレベルも視野に入れて、生きづらさを抱えた子どもたちに寄り添い、子どもの最善の利益を保障することをめざして活動している。そして、その役割は次の通りである。

① 問題を抱える児童生徒が置かれた環境への働き掛け
② 関係機関等とのネットワークの構築、連携・調整
③ 学校内におけるチーム体制の構築、支援
④ 保護者、教職員等に対する支援・相談・情報提供
⑤ 教職員等への研修活動

　このような学校における子どもたちの生活問題対策は、戦後の長欠・不就学児童・生徒対策として、先生が家庭訪問等を行った福祉教員に端を発する。これをソーシャルワーカーが担うようになったのは 2000 年頃からであり、各地で社会福祉士等の社会福祉専門職が担うようになった。2008 年には、文部科学省で「スクールソーシャルワーカー活用事業」がはじまり、全国的な広がりを見せるようになった。そして 2017 年 3 月 31 日には「学校教育法施行規則の一部を改正する省令（平成 29 年文部科学省令第 24 号）」が公布され、第 65 条の 3 に「スクールソーシャルワーカーは、小学校における児童の福祉に関する支援に従事する」と明記された（同年 4 月 1 日施行）。同時に、1995 年度から学校に配置されていたスクールカウンセラー（以下、SC とする）も、同規則第 65 条の 2 に「スクールカウンセラーは、小学校における児童の心理に関する支援に従事する」と記された。この 2 つの規定は小学校だけでなく、中学校や義務教育学校、高校、中等教育学校、特別支援学校にも準用される。この SSW も SC も、それまでは単年度ごとの補助事業だったため、「今年度は学校に SSW や SC が来てくれたけど、来年

度はどうなるかわからない」といわれてきた。しかしながら、学校教育法施行規則に位置づけられたことによって、恒久的に活躍できることになった。

これに伴い出された通知においても、「スクールソーシャルワーカーは、ソーシャルワークの価値・知識・技術を基盤とする福祉の専門性を有する者として、不登校、いじめや暴力行為等問題行動、子供の貧困、児童虐待等の課題を抱える児童生徒の修学支援、健全育成、自己実現を図るため、児童生徒のニーズを把握し、関係機関との連携を通じた支援を展開するとともに、保護者への支援、学校への働き掛け及び自治体の体制整備への働き掛けに従事すること」（文部科学省「学校教育法施行規則の一部を改正する省令の施行等について（通知）」平成29年3月31日）と、SSWの具体的な職務が明記された。

学校では、これまで校長や教頭、担任など「先生」が子どもたちの教育を担っている。しかしながら学校の先生方は非常に忙しく、職員室には毎日遅い時間まで電気がついている。中学校では、授業だけでなく部活の指導やその遠征などで、土日もなくなることがある。さらに学校内外での会議や研修も多く、地域との連携や保護者対応などさまざまな仕事があって、先生方はなかなか授業や子どもたちのことに専念することができない。そこで、これまでのように学校内のスタッフだけでなく、SSWやSCのような、教員免許状を持たない専門スタッフも学校に配置し、「チーム学校」としての組織力を向上させようとしている。

筆者はSSW・スーパーバイザーとして、SSWとスーパービジョンを行ったり、教育委員会でコンサルテーションをしたり、時には学校現場に赴くことがある。先生方とケース会議を行い、チームの一員としてアセスメントやプランニングを行い、それに基づき各自が支援を行って、またモニタリングのためのケース会議を行う。児童生徒の生活問題が解決しないときはフィードバックし、またアセスメントとプランニングを行って支援する。それを繰り返し、SSWは「チーム学校」の一員になっていく。そしてターミネーションまでたどり着いて学校を去るとき、「子どもの最善の利益」という目標に向かってチームになった先生や関係機関の方々へ「また会いましょう」とはいいがたい気持ちになる。なぜならば、SSWが活躍するということは、それだけ生きづらさを抱えている児童生徒がいるということだからである。逆にいえば、SSWはいるけどあまり活躍の機会がないくらいの方がいいのだろうけど、実際はそうもいかないように感じている。

9 　見過ごされがちな生活ニーズ—発達障害児の理美容—

　発達障害者支援法が成立したのは2004年のこと。2005年に施行され、その後、2016年に改正がなされた。法律では、「発達障害」の定義がなされ、「『発達障害』とは、自閉症、アスペルガー症候群その他の広汎性発達障害、学習障害、注意欠陥多動性障害その他これに類する脳機能の障害であってその症状が通常低年齢において発現するものとして政令で定めるものをいう」とされている。この十余年の間に、この発達障害という言葉は社会的に広く認知され、理解や支援の輪も広がりつつある。障害児をめぐる福祉の動向は、本テキストの本論を参照してもらいたいが、ここでは、発達障害の子どもたちにスポットをあて、見過ごされがちな生活ニーズ、ここでは理美容に関して紹介してみたい。

　文部科学省が2012年に行った「通常の学級に在籍する発達障害の可能性のある特別な教育的支援を必要とする児童生徒に関する調査結果について」という調査結果では、"発達障害の可能性のある"とされた児童生徒の割合は6.5％という結果であった。これは、全国の公立小中学校で約5万人を対象にした調査で、このことから、1クラスに2人程度は発達障害の傾向があることがわかる。なお、調査には特別支援学校は含まれていないことから、もっと多くの発達障害の子どもがいる可能性も指摘されている。

　ここで取り上げる理美容は、社会福祉の専門家からすれば、どちらかといえば、見過ごされていたニーズではないだろうか。福祉施設や医療機関では、それぞれ提供できるサービスがある。専門性を生かした療育や治療は行っているが、子どもや家族の生活ニーズは他にもまだまだあり、それだけでは不十分だ。その中の一つが理美容である。衛生面を保つ、そしてオシャレを楽しむというQOL向上の二重の面で大切なニーズだ。髪の毛が伸びれば理美容室でヘアカットをしてもらえばいいのではないか？　というのは自然な発想だが、実際には、発達障害の子どもが理美容室でヘアカットするには、実に高いハードルがあることが最近明らかになってきた。

　2018年度に全国調査「発達障害者のヘアカットにおけるアンケート調査」の結果が発表され、ここに、全国から373件の当事者の声が寄せられている。どのような困りごとがあるか、その中から一部を紹介したい。

・バリカンの音が苦手。
・ハサミが怖い。
・切った髪が顔にかかるのが嫌だ。
・雑音（他の人の会話や、ドライヤーの風音など）があると人の言葉が聞き取れないため、何度も質問を聞き返してしまい気まずい。
・時間（どのくらいかかるのかの見通し）の感覚がわかりにくい。
・使用するシャンプーやトリートメントの香りが強いと頭が痛くなる。

・注目される。髪型が変わるのが嫌。美容師さんの明るいノリ（が苦手）。
・同じ髪型ではなく、違う髪型にしたい時に上手く店員さんに伝えられない。
・カットしてくれる方の話し方がキツイとダメ。

写真2　発達障害児の理美容の様子（そらいろプロジェクト京都提供）

意見をあげておられる方たちの特徴には、「感覚が過敏」「見通しが持ちにくい」「自分の意志を伝えることが苦手」「相手の言っていることの理解が苦手」「静かに座っていることができない」「感覚が鈍い」等があることもわかった。もちろん、発達障害の子どもたちすべてがこれらの特徴を持ち合わせているのではなく、個々人により異なっている。理美容に困り感のある子どももない子どももいる。だが、困り感がある子どもにもヘアカットは必要で、すべての子どもに適切な理美容が届けられる社会環境にしていくこと、社会福祉の観点としては、ここに着目してほしい。

　同報告書を発行した「そらいろプロジェクト京都」は、ヘアカットに困りのある発達障害の子どもたちも理美容室へ来て、理美容を利用してもらえるよう、理美容の実践はもとより、広報啓発、理美容師を増やすための研修などを行っているNPO団体である。美容師を中心に福祉関係者も参画している。あるとき、発達障害の子どものヘアカットを依頼された美容師が、カットに臨むも上手くいかず、発達障害のことを勉強しはじめたことが団体設立のきっかけだという。2014年の設立以来、子どもの特徴を学びカットの方法を考案し、実践を続けている。ニーズに気づいた人たちが小さな取り組みの芽を生み出している。

　福祉と理美容の連携があれば、このような実践も各地で生まれていくだろう。障害があってもなくても、子どもも保護者も普通にヘアカットがしたい思いがあることを理解して、自分の地域にどのような理美容室があるか気にかけて、理解ある理美容師が増えるよう是非応援していってもらいたい。

【引用・参考文献】

文部科学省ホームページ「通常の学級に在籍する発達障害の可能性のある特別な教育的支援を必要とする児童生徒に関する調査結果について」2012年（http://www.mext.go.jp/a_menu/shotou/tokubetu/material/1328729.htm）
特定非営利活動法人そらいろプロジェクト京都「発達障害児・者向け理美容技術プログラム策定事業」報告書、2018年
特定非営利活動法人そらいろプロジェクト京都ホームページ参照（https://www.sora-pro.jp/）

10 　発達保障論と共生・共育―発達の概念を問い直す―

　障害児教育・保育のあり方をめぐる「発達保障論」と「共生・共育」の議論は、古くて新しい課題といえる。

　発達保障論は、すべての子どもは同じ発達段階（階層）を経て発達するという前提に立ち、発達が進んでいる―遅れているという尺度で、子どもの成長をとらえようとした。

　それに対するアンチテーゼが共生・共育である。個の発達に重点を置く発達保障論には、関わりの中で育つ観点が脱落していると批判した。つまり、「発達保障論では、子ども自らが他の子どもとともに生活する中でお互いに学び合い、育ち合うという関係性の視点が欠けている」（檜垣、2016）のではないかという反論である。

　発達保障論のルーツは、知的障害児施設「近江学園」を1946（昭和21）年に創設した糸賀一雄（1914～1968）に遡る。彼は、「重度の障害児であっても、人間としての生命の展開を支えることが重要であるとの理念のもとに、『この子らに世の光を』ではなく、『この子らを世の光に』と唱え、人間の新しい価値を創造」（公益財団法人糸賀一雄記念財団公式ホームページ）しようとした。障害児＝無価値とされていた当時、糸賀の思想は障害児観のコペルニクス的転回であった。

　田中昌人率いる全国障害者問題研究会は、糸賀の思想や実践を礎に発達を科学し、理論的根拠を発達に与えた。その結実が発達保障論である。障害児を発達可能態として位置づけるところにその特徴が見られる。すべての障害児の発達を保障するためには、発達段階に即した手厚い教育が不可欠であるという立場から、1979（昭和54）年に制度化された養護学校義務化を後押しした。子どもの成長を「個体」レベルで考える発達保障論が、このような方向に向かうのは当然の流れであった。

　これに対して、共生・共育からは、「学校を、個々人の発達保障の場としてではなく、個々人がつながりながら相互関係的、共同的になっていくといった、関係の創造の場」（篠原、2009）にするべきだという主張が展開される。

　障害の有無により、学ぶ学校が異なる制度下（普通学校と養護学校・特別支援学校）においては、「個々人がつながりながら相互関係的」になるチャンスは得られない。心理学者・乾孝の言葉を借りるならば、「子どもを友達から切り離して、ひとりだけ大事にしたつもりになるということは、みんなと生きる、という可能性にふたをすることですから、たいへん非人間的なこと」（乾、1972）ではないか。その視点が発達保障論には乏しいように思える。

　現在進められているインクルーシブ教育は、文部科学省によると「同じ場で共に学ぶこと」を前提とする。その点でいうと、発達保障論の限界は明らかである。同時に、「教育的ニーズに最も的確に応える指導を提供できる、多様で柔軟な仕

組みの整備」を文部科学省は掲げる。ここには、発達保障論に基づく発想が見られる。

　発達保障論か？　共生・共育か？　このような状況下で、その議論に終止符を打ってはならないだろう。

　さて、話が前後するようだが、そもそも「発達」という概念が、私たちの社会に組み込まれたのはいつのことだろうか。それは、産業革命を契機に誕生した近代＝資本制社会以降である。

　資本制社会においては、子どもは未来社会の働き手として位置づけられる。高い能力を持った労働者を育てるために、発達というスケールで子どもを評価するようになった。そのもとで、「子どもは『発達するべき状態』にあるとされ、子どもの時期は生産性の高い大人になるための準備時期」（毛利・山田、2007）と位置づけられた。

　発達の概念を根源的に問い直した山下恒男（1977）は、次のように述べる。

　「『発達』という一見個人的なことがらが事実はそうではなく、私たちの労働の成果を盗み取ったり、私たちをより効率的に管理しようとする人たちの都合のままに強調され、私たち自身もそのような仕組みの中にどっぷりとつかったまま、加害者の性質も持たされてしまっているのではないか」

　個人という文脈の中で発達は扱われるが、その背後には有能な労働力を求める資本制社会からの要請があると山下は指摘する。個のよりよい発達を目標とする教育や保育の成果が、産業界に掠めとられている近代社会のからくりを認識しておかなくてはならないだろう。

　子どもたちは、発達の程度に基づく評価にさらされている。学校や保育所では、常に発達することを求められる。しかし、子どもは"子どもとして"、現在を生きる存在である。発達の強要が、かけがえのない子ども期を奪ってきたのではないか。発達のために子どもは存在するのではなく、彼らは豊かな"いま"を過ごしているのだ。そのような意味で、近代＝資本制社会が必要とした発達概念を批判的にとらえることが、現在の私たちに与えられた課題である。

【引用・参考文献】

檜垣博子「障害児福祉の理念と課題」（吉田明弘編著『児童福祉論―児童の平和的生存権を起点として―（第3版）』八千代出版、2016年）
篠原睦治「"仕事"36年を振り返る」（「和光大学現代人間学部紀要」第2号、2009年）
乾孝『乾孝幼児教育論集』風媒社、1972年
毛利子来・山田真『育育児典』岩波書店、2007年
山下恒男『反発達論―抑圧の人間学からの解放―』現代書館、1977年

資　　料

日本国憲法

昭和21年11月3日公布
昭和22年5月3日施行

日本国憲法

　日本国民は、正当に選挙された国会における代表者を通じて行動し、われらとわれらの子孫のために、諸国民との協和による成果と、わが国全土にわたつて自由のもたらす恵沢を確保し、政府の行為によつて再び戦争の惨禍が起ることのないやうにすることを決意し、ここに主権が国民に存することを宣言し、この憲法を確定する。そもそも国政は、国民の厳粛な信託によるものであつて、その権威は国民に由来し、その権力は国民の代表者がこれを行使し、その福利は国民がこれを享受する。これは人類普遍の原理であり、この憲法は、かかる原理に基くものである。われらは、これに反する一切の憲法、法令及び詔勅を排除する。

　日本国民は、恒久の平和を念願し、人間相互の関係を支配する崇高な理想を深く自覚するのであつて、平和を愛する諸国民の公正と信義に信頼して、われらの安全と生存を保持しようと決意した。われらは、平和を維持し、専制と隷従、圧迫と偏狭を地上から永遠に除去しようと努めてゐる国際社会において、名誉ある地位を占めたいと思ふ。われらは、全世界の国民が、ひとしく恐怖と欠乏から免かれ、平和のうちに生存する権利を有することを確認する。

　われらは、いづれの国家も、自国のことのみに専念して他国を無視してはならないのであつて、政治道徳の法則は、普遍的なものであり、この法則に従ふことは、自国の主権を維持し、他国と対等関係に立たうとする各国の責務であると信ずる。

　日本国民は、国家の名誉にかけ、全力をあげてこの崇高な理想と目的を達成することを誓ふ。

第1章　天皇

第1条　天皇は、日本国の象徴であり日本国民統合の象徴であつて、この地位は、主権の存する日本国民の総意に基く。

第2条　皇位は、世襲のものであつて、国会の議決した皇室典範の定めるところにより、これを継承する。

第3条　天皇の国事に関するすべての行為には、内閣の助言と承認を必要とし、内閣が、その責任を負ふ。

第4条　天皇は、この憲法の定める国事に関する行為のみを行ひ、国政に関する権能を有しない。

②　天皇は、法律の定めるところにより、その国事に関する行為を委任することができる。

第5条　皇室典範の定めるところにより摂政を置くときは、摂政は、天皇の名でその国事に関する行為を行ふ。この場合には、前条第1項の規定を準用する。

第6条　天皇は、国会の指名に基いて、内閣総理大臣を任命する。

②　天皇は、内閣の指名に基いて、最高裁判所の長たる裁判官を任命する。

第7条　天皇は、内閣の助言と承認により、国民のために、左の国事に関する行為を行ふ。

1　憲法改正、法律、政令及び条約を公布すること。

2　国会を召集すること。

3　衆議院を解散すること。

4　国会議員の総選挙の施行を公示すること。

5　国務大臣及び法律の定めるその他の官吏の任免並びに全権委任状及び大使及び公使の信任状を認証すること。

6　大赦、特赦、減刑、刑の執行の免除及び復権を認証すること。

7　栄典を授与すること。
8　批准書及び法律の定めるその他の外交文書を認証すること。
9　外国の大使及び公使を接受すること。
10　儀式を行ふこと。
第8条　皇室に財産を譲り渡し、又は皇室が、財産を譲り受け、若しくは賜与することは、国会の議決に基かなければならない。

第2章　戦争の放棄

第9条　日本国民は、正義と秩序を基調とする国際平和を誠実に希求し、国権の発動たる戦争と、武力による威嚇又は武力の行使は、国際紛争を解決する手段としては、永久にこれを放棄する。
②　前項の目的を達するため、陸海空軍その他の戦力は、これを保持しない。国の交戦権は、これを認めない。

第3章　国民の権利及び義務

第10条　日本国民たる要件は、法律でこれを定める。
第11条　国民は、すべての基本的人権の享有を妨げられない。この憲法が国民に保障する基本的人権は、侵すことのできない永久の権利として、現在及び将来の国民に与へられる。
第12条　この憲法が国民に保障する自由及び権利は、国民の不断の努力によつて、これを保持しなければならない。又、国民は、これを濫用してはならないのであつて、常に公共の福祉のためにこれを利用する責任を負ふ。
第13条　すべて国民は、個人として尊重される。生命、自由及び幸福追求に対する国民の権利については、公共の福祉に反しない限り、立法その他の国政の上で、最大の尊重を必要とする。
第14条　すべて国民は、法の下に平等であつて、人種、信条、性別、社会的身分又は門地により、政治的、経済的又は社会的関係において、差別されない。
②　華族その他の貴族の制度は、これを認めない。

③　栄誉、勲章その他の栄典の授与は、いかなる特権も伴はない。栄典の授与は、現にこれを有し、又は将来これを受ける者の一代に限り、その効力を有する。
第15条　公務員を選定し、及びこれを罷免することは、国民固有の権利である。
②　すべて公務員は、全体の奉仕者であつて、一部の奉仕者ではない。
③　公務員の選挙については、成年者による普通選挙を保障する。
④　すべて選挙における投票の秘密は、これを侵してはならない。選挙人は、その選択に関し公的にも私的にも責任を問はれない。
第16条　何人も、損害の救済、公務員の罷免、法律、命令又は規則の制定、廃止又は改正その他の事項に関し、平穏に請願する権利を有し、何人も、かかる請願をしたためにいかなる差別待遇も受けない。
第17条　何人も、公務員の不法行為により、損害を受けたときは、法律の定めるところにより、国又は公共団体に、その賠償を求めることができる。
第18条　何人も、いかなる奴隷的拘束も受けない。又、犯罪に因る処罰の場合を除いては、その意に反する苦役に服させられない。
第19条　思想及び良心の自由は、これを侵してはならない。
第20条　信教の自由は、何人に対してもこれを保障する。いかなる宗教団体も、国から特権を受け、又は政治上の権力を行使してはならない。
②　何人も、宗教上の行為、祝典、儀式又は行事に参加することを強制されない。
③　国及びその機関は、宗教教育その他いかなる宗教的活動もしてはならない。
第21条　集会、結社及び言論、出版その他一切の表現の自由は、これを保障する。
②　検閲は、これをしてはならない。通信の秘密は、これを侵してはならない。
第22条　何人も、公共の福祉に反しない限り、居住、移転及び職業選択の自由を有する。
②　何人も、外国に移住し、又は国籍を離脱する自由を侵されない。
第23条　学問の自由は、これを保障する。

第24条　婚姻は、両性の合意のみに基いて成立し、夫婦が同等の権利を有することを基本として、相互の協力により、維持されなければならない。
② 配偶者の選択、財産権、相続、住居の選定、離婚並びに婚姻及び家族に関するその他の事項に関しては、法律は、個人の尊厳と両性の本質的平等に立脚して、制定されなければならない。
第25条　すべて国民は、健康で文化的な最低限度の生活を営む権利を有する。
② 国は、すべての生活部面について、社会福祉、社会保障及び公衆衛生の向上及び増進に努めなければならない。
第26条　すべて国民は、法律の定めるところにより、その能力に応じて、ひとしく教育を受ける権利を有する。
② すべて国民は、法律の定めるところにより、その保護する子女に普通教育を受けさせる義務を負ふ。義務教育は、これを無償とする。
第27条　すべて国民は、勤労の権利を有し、義務を負ふ。
② 賃金、就業時間、休息その他の勤労条件に関する基準は、法律でこれを定める。
③ 児童は、これを酷使してはならない。
第28条　勤労者の団結する権利及び団体交渉その他の団体行動をする権利は、これを保障する。
第29条　財産権は、これを侵してはならない。
② 財産権の内容は、公共の福祉に適合するやうに、法律でこれを定める。
③ 私有財産は、正当な補償の下に、これを公共のために用ひることができる。
第30条　国民は、法律の定めるところにより、納税の義務を負ふ。
第31条　何人も、法律の定める手続によらなければ、その生命若しくは自由を奪はれ、又はその他の刑罰を科せられない。
第32条　何人も、裁判所において裁判を受ける権利を奪はれない。
第33条　何人も、現行犯として逮捕される場合を除いては、権限を有する司法官憲が発し、且つ理由となつてゐる犯罪を明示する令状によらなければ、逮捕されない。

第34条　何人も、理由を直ちに告げられ、且つ、直ちに弁護人に依頼する権利を与へられなければ、抑留又は拘禁されない。又、何人も、正当な理由がなければ、拘禁されず、要求があれば、その理由は、直ちに本人及びその弁護人の出席する公開の法廷で示されなければならない。
第35条　何人も、その住居、書類及び所持品について、侵入、捜索及び押収を受けることのない権利は、第33条の場合を除いては、正当な理由に基いて発せられ、且つ捜索する場所及び押収する物を明示する令状がなければ、侵されない。
② 捜索又は押収は、権限を有する司法官憲が発する各別の令状により、これを行ふ。
第36条　公務員による拷問及び残虐な刑罰は、絶対にこれを禁ずる。
第37条　すべて刑事事件においては、被告人は、公平な裁判所の迅速な公開裁判を受ける権利を有する。
② 刑事被告人は、すべての証人に対して審問する機会を充分に与へられ、又、公費で自己のために強制的手続により証人を求める権利を有する。
③ 刑事被告人は、いかなる場合にも、資格を有する弁護人を依頼することができる。被告人が自らこれを依頼することができないときは、国でこれを附する。
第38条　何人も、自己に不利益な供述を強要されない。
② 強制、拷問若しくは脅迫による自白又は不当に長く抑留若しくは拘禁された後の自白は、これを証拠とすることができない。
③ 何人も、自己に不利益な唯一の証拠が本人の自白である場合には、有罪とされ、又は刑罰を科せられない。
第39条　何人も、実行の時に適法であつた行為又は既に無罪とされた行為については、刑事上の責任を問はれない。又、同一の犯罪について、重ねて刑事上の責任を問はれない。
第40条　何人も、抑留又は拘禁された後、無罪の裁判を受けたときは、法律の定めるところにより、国にその補償を求めることができる。

第4章　国会

第41条　国会は、国権の最高機関であつて、国の唯一の立法機関である。

第42条　国会は、衆議院及び参議院の両議院でこれを構成する。

第43条　両議院は、全国民を代表する選挙された議員でこれを組織する。

② 両議院の議員の定数は、法律でこれを定める。

第44条　両議院の議員及びその選挙人の資格は、法律でこれを定める。但し、人種、信条、性別、社会的身分、門地、教育、財産又は収入によつて差別してはならない。

第45条　衆議院議員の任期は、4年とする。但し、衆議院解散の場合には、その期間満了前に終了する。

第46条　参議院議員の任期は、6年とし、3年ごとに議員の半数を改選する。

第47条　選挙区、投票の方法その他両議院の議員の選挙に関する事項は、法律でこれを定める。

第48条　何人も、同時に両議院の議員たることはできない。

第49条　両議院の議員は、法律の定めるところにより、国庫から相当額の歳費を受ける。

第50条　両議院の議員は、法律の定める場合を除いては、国会の会期中逮捕されず、会期前に逮捕された議員は、その議院の要求があれば、会期中これを釈放しなければならない。

第51条　両議院の議員は、議院で行つた演説、討論又は表決について、院外で責任を問はれない。

第52条　国会の常会は、毎年1回これを召集する。

第53条　内閣は、国会の臨時会の召集を決定することができる。いづれかの議院の総議員の4分の1以上の要求があれば、内閣は、その召集を決定しなければならない。

第54条　衆議院が解散されたときは、解散の日から40日以内に、衆議院議員の総選挙を行ひ、その選挙の日から30日

以内に、国会を召集しなければならない。

② 衆議院が解散されたときは、参議院は、同時に閉会となる。但し、内閣は、国に緊急の必要があるときは、参議院の緊急集会を求めることができる。

③ 前項但書の緊急集会において採られた措置は、臨時のものであつて、次の国会開会の後10日以内に、衆議院の同意がない場合には、その効力を失ふ。

第55条　両議院は、各々その議員の資格に関する争訟を裁判する。但し、議員の議席を失はせるには、出席議員の3分の2以上の多数による議決を必要とする。

第56条　両議院は、各々その総議員の3分の1以上の出席がなければ、議事を開き議決することができない。

② 両議院の議事は、この憲法に特別の定のある場合を除いては、出席議員の過半数でこれを決し、可否同数のときは、議長の決するところによる。

第57条　両議院の会議は、公開とする。但し、出席議員の3分の2以上の多数で議決したときは、秘密会を開くことができる。

② 両議院は、各々その会議の記録を保存し、秘密会の記録の中で特に秘密を要すると認められるもの以外は、これを公表し、且つ一般に頒布しなければならない。

③ 出席議員の5分の1以上の要求があれば、各議員の表決は、これを会議録に記載しなければならない。

第58条　両議院は、各々その議長その他の役員を選任する。

② 両議院は、各々その会議その他の手続及び内部の規律に関する規則を定め、又、院内の秩序をみだした議員を懲罰することができる。但し、議員を除名するには、出席議員の3分の2以上の多数による議決を必要とする。

第59条　法律案は、この憲法に特別の定のある場合を除いては、両議院で可決したとき法律となる。

② 衆議院で可決し、参議院でこれと異なつた議決をした法律案は、衆議院で出席議員の3分の2以上の多数で再び可決したときは、法律となる。

③ 前項の規定は、法律の定めるところに

より、衆議院が、両議院の協議会を開く
ことを求めることを妨げない。
④　参議院が、衆議院の可決した法律案を
受け取つた後、国会休会中の期間を除い
て60日以内に、議決しないときは、衆議
院は、参議院がその法律案を否決したも
のとみなすことができる。
第60条　予算は、さきに衆議院に提出し
なければならない。
②　予算について、参議院で衆議院と異な
つた議決をした場合に、法律の定めると
ころにより、両議院の協議会を開いても
意見が一致しないとき、又は参議院が、
衆議院の可決した予算を受け取つた後、
国会休会中の期間を除いて30日以内に、
議決しないときは、衆議院の議決を国会
の議決とする。
第61条　条約の締結に必要な国会の承認
については、前条第2項の規定を準用す
る。
第62条　両議院は、各々国政に関する調
査を行ひ、これに関して、証人の出頭及
び証言並びに記録の提出を要求すること
ができる。
第63条　内閣総理大臣その他の国務大臣は、
両議院の一に議席を有すると有しないと
にかかはらず、何時でも議案について発
言するため議院に出席することができる。
又、答弁又は説明のため出席を求められ
たときは、出席しなければならない。
第64条　国会は、罷免の訴追を受けた裁
判官を裁判するため、両議院の議員で組
織する弾劾裁判所を設ける。
②　弾劾に関する事項は、法律でこれを定
める。

第5章　内閣

第65条　行政権は、内閣に属する。
第66条　内閣は、法律の定めるところに
より、その首長たる内閣総理大臣及びそ
の他の国務大臣でこれを組織する。
②　内閣総理大臣その他の国務大臣は、文
民でなければならない。
③　内閣は、行政権の行使について、国会
に対し連帯して責任を負ふ。
第67条　内閣総理大臣は、国会議員の中

から国会の議決で、これを指名する。こ
の指名は、他のすべての案件に先だつて、
これを行ふ。
②　衆議院と参議院とが異なつた指名の議
決をした場合に、法律の定めるところに
より、両議院の協議会を開いても意見が
一致しないとき、又は衆議院が指名の議
決をした後、国会休会中の期間を除いて
10日以内に、参議院が、指名の議決をし
ないときは、衆議院の議決を国会の議決
とする。
第68条　内閣総理大臣は、国務大臣を任
命する。但し、その過半数は、国会議員
の中から選ばれなければならない。
②　内閣総理大臣は、任意に国務大臣を罷
免することができる。
第69条　内閣は、衆議院で不信任の決議
案を可決し、又は信任の決議案を否決し
たときは、10日以内に衆議院が解散され
ない限り、総辞職をしなければならない。
第70条　内閣総理大臣が欠けたとき、又
は衆議院議員総選挙の後に初めて国会の
召集があつたときは、内閣は、総辞職を
しなければならない。
第71条　前2条の場合には、内閣は、あら
たに内閣総理大臣が任命されるまで引き
続きその職務を行ふ。
第72条　内閣総理大臣は、内閣を代表し
て議案を国会に提出し、一般国務及び外
交関係について国会に報告し、並びに行
政各部を指揮監督する。
第73条　内閣は、他の一般行政事務の外、
左の事務を行ふ。
1　法律を誠実に執行し、国務を総理する
こと。
2　外交関係を処理すること。
3　条約を締結すること。但し、事前に、
時宜によつては事後に、国会の承認を経
ることを必要とする。
4　法律の定める基準に従ひ、官吏に関す
る事務を掌理すること。
5　予算を作成して国会に提出すること。
6　この憲法及び法律の規定を実施するた
めに、政令を制定すること。但し、政令
には、特にその法律の委任がある場合を
除いては、罰則を設けることができない。
7　大赦、特赦、減刑、刑の執行の免除及

び復権を決定すること。

第74条 法律及び政令には、すべて主任の国務大臣が署名し、内閣総理大臣が連署することを必要とする。

第75条 国務大臣は、その在任中、内閣総理大臣の同意がなければ、訴追されない。但し、これがため、訴追の権利は、害されない。

第6章 司法

第76条 すべて司法権は、最高裁判所及び法律の定めるところにより設置する下級裁判所に属する。

② 特別裁判所は、これを設置することができない。行政機関は、終審として裁判を行ふことができない。

③ すべて裁判官は、その良心に従ひ独立してその職権を行ひ、この憲法及び法律にのみ拘束される。

第77条 最高裁判所は、訴訟に関する手続、弁護士、裁判所の内部規律及び司法事務処理に関する事項について、規則を定める権限を有する。

② 検察官は、最高裁判所の定める規則に従はなければならない。

③ 最高裁判所は、下級裁判所に関する規則を定める権限を、下級裁判所に委任することができる。

第78条 裁判官は、裁判により、心身の故障のために職務を執ることができないと決定された場合を除いては、公の弾劾によらなければ罷免されない。裁判官の懲戒処分は、行政機関がこれを行ふことはできない。

第79条 最高裁判所は、その長たる裁判官及び法律の定める員数のその他の裁判官でこれを構成し、その長たる裁判官以外の裁判官は、内閣でこれを任命する。

② 最高裁判所の裁判官の任命は、その任命後初めて行はれる衆議院議員総選挙の際国民の審査に付し、その後10年を経過した後初めて行はれる衆議院議員総選挙の際更に審査に付し、その後も同様とする。

③ 前項の場合において、投票者の多数が裁判官の罷免を可とするときは、その裁判官は、罷免される。

④ 審査に関する事項は、法律でこれを定める。

⑤ 最高裁判所の裁判官は、法律の定める年齢に達した時に退官する。

⑥ 最高裁判所の裁判官は、すべて定期に相当額の報酬を受ける。この報酬は、在任中、これを減額することができない。

第80条 下級裁判所の裁判官は、最高裁判所の指名した者の名簿によつて、内閣でこれを任命する。その裁判官は、任期を10年とし、再任されることができる。但し、法律の定める年齢に達した時には退官する。

② 下級裁判所の裁判官は、すべて定期に相当額の報酬を受ける。この報酬は、在任中、これを減額することができない。

第81条 最高裁判所は、一切の法律、命令、規則又は処分が憲法に適合するかしないかを決定する権限を有する終審裁判所である。

第82条 裁判の対審及び判決は、公開法廷でこれを行ふ。

② 裁判所が、裁判官の全員一致で、公の秩序又は善良の風俗を害する虞があると決した場合には、対審は、公開しないでこれを行ふことができる。但し、政治犯罪、出版に関する犯罪又はこの憲法第3章で保障する国民の権利が問題となつてゐる事件の対審は、常にこれを公開しなければならない。

第7章 財政

第83条 国の財政を処理する権限は、国会の議決に基いて、これを行使しなければならない。

第84条 あらたに租税を課し、又は現行の租税を変更するには、法律又は法律の定める条件によることを必要とする。

第85条 国費を支出し、又は国が債務を負担するには、国会の議決に基くことを必要とする。

第86条 内閣は、毎会計年度の予算を作成し、国会に提出して、その審議を受け議決を経なければならない。

第87条 予見し難い予算の不足に充てる

ため、国会の議決に基いて予備費を設け、内閣の責任でこれを支出することができる。

② すべて予備費の支出については、内閣は、事後に国会の承諾を得なければならない。

第88条 すべて皇室財産は、国に属する。すべて皇室の費用は、予算に計上して国会の議決を経なければならない。

第89条 公金その他の公の財産は、宗教上の組織若しくは団体の使用、便益若しくは維持のため、又は公の支配に属しない慈善、教育若しくは博愛の事業に対し、これを支出し、又はその利用に供してはならない。

第90条 国の収入支出の決算は、すべて毎年会計検査院がこれを検査し、内閣は、次の年度に、その検査報告とともに、これを国会に提出しなければならない。

② 会計検査院の組織及び権限は、法律でこれを定める。

第91条 内閣は、国会及び国民に対し、定期に、少くとも毎年1回、国の財政状況について報告しなければならない。

第8章 地方自治

第92条 地方公共団体の組織及び運営に関する事項は、地方自治の本旨に基いて、法律でこれを定める。

第93条 地方公共団体には、法律の定めるところにより、その議事機関として議会を設置する。

② 地方公共団体の長、その議会の議員及び法律の定めるその他の吏員は、その地方公共団体の住民が、直接これを選挙する。

第94条 地方公共団体は、その財産を管理し、事務を処理し、及び行政を執行する権能を有し、法律の範囲内で条例を制定することができる。

第95条 一の地方公共団体のみに適用される特別法は、法律の定めるところにより、その地方公共団体の住民の投票においてその過半数の同意を得なければ、国会は、これを制定することができない。

第9章 改正

第96条 この憲法の改正は、各議院の総議員の3分の2以上の賛成で、国会が、これを発議し、国民に提案してその承認を経なければならない。この承認には、特別の国民投票又は国会の定める選挙の際行はれる投票において、その過半数の賛成を必要とする。

② 憲法改正について前項の承認を経たときは、天皇は、国民の名で、この憲法と一体を成すものとして、直ちにこれを公布する。

第10章 最高法規

第97条 この憲法が日本国民に保障する基本的人権は、人類の多年にわたる自由獲得の努力の成果であつて、これらの権利は、過去幾多の試錬に堪へ、現在及び将来の国民に対し、侵すことのできない永久の権利として信託されたものである。

第98条 この憲法は、国の最高法規であつて、その条規に反する法律、命令、詔勅及び国務に関するその他の行為の全部又は一部は、その効力を有しない。

② 日本国が締結した条約及び確立された国際法規は、これを誠実に遵守することを必要とする。

第99条 天皇又は摂政及び国務大臣、国会議員、裁判官その他の公務員は、この憲法を尊重し擁護する義務を負ふ。

第11章 補則

第100条 この憲法は、公布の日から起算して6箇月を経過した日から、これを施行する。

② この憲法を施行するために必要な法律の制定、参議院議員の選挙及び国会召集の手続並びにこの憲法を施行するために必要な準備手続は、前項の期日よりも前に、これを行ふことができる。

第101条 この憲法施行の際、参議院がまだ成立してゐないときは、その成立するまでの間、衆議院は、国会としての権限

を行ふ。
第102条　この憲法による第1期の参議院
　　議員のうち、その半数の者の任期は、こ
　　れを3年とする。その議員は、法律の定
　　めるところにより、これを定める。
第103条　この憲法施行の際現に在職する
　　国務大臣、衆議院議員及び裁判官並びに

その他の公務員で、その地位に相応する
地位がこの憲法で認められてゐる者は、
法律で特別の定をした場合を除いては、
この憲法施行のため、当然にはその地位
を失ふことはない。但し、この憲法によ
つて、後任者が選挙又は任命されたとき
は、当然その地位を失ふ。

児童の権利に関する条約（政府訳、1989年、国際連合）

前　文

この条約の締約国は、

国際連合憲章において宣明された原則に
よれば、人類社会の
すべての構成員の固有の尊厳及び平等のか
つ奪い得ない権利を認めることが世界にお
ける自由、正義及び平和の基礎を成すもの
であることを考慮し、

国際連合加盟国の国民が、国際連合憲章
において、基本的人権並びに人間の尊厳及
び価値に関する信念を改めて確認し、かつ、
一層大きな自由の中で社会的進歩及び生活
水準の向上を促進することを決意したこと
に留意し、

国際連合が、世界人権宣言及び人権に関
する国際規約において、すべての人は人種、
皮膚の色、性、言語、宗教、政治的意見そ
の他の意見、国民的若しくは社会的出身、
財産、出生又は他の地位等によるいかなる
差別もなしに同宣言及び同規約に掲げるす
べての権利及び自由を享有することができ
ることを宣明し及び合意したことを認め、

国際連合が、世界人権宣言において、児
童は特別な保護及び援助についての権利を
享有することができることを宣明したこと
を想起し、

家族が、社会の基礎的な集団として、並
びに家族のすべての構成員、特に、児童の
成長及び福祉のための自然な環境として、
社会においてその責任を十分に引き受ける
ことができるよう必要な保護及び援助を与
えられるべきであることを確信し、

児童が、その人格の完全なかつ調和のと
れた発達のため、家庭環境の下で幸福、愛
情及び理解のある雰囲気の中で成長すべき

であることを認め、

児童が、社会において個人として生活す
るため十分な準備が整えられるべきであり、
かつ、国際連合憲章において宣明された理
想の精神並びに特に平和、尊厳、寛容、自
由、平等及び連帯の精神に従って育てられ
るべきであることを考慮し、

児童に対して特別な保護を与えることの
必要性が、1924年の児童の権利に関する
ジュネーヴ宣言及び1959年11月20日に国
際連合総会で採択された児童の権利に関す
る宣言において述べられており、また、世
界人権宣言、市民的及び政治的権利に関す
る国際規約（特に第23条及び第24条）、経
済的、社会的及び文化的権利に関する国際
規約（特に第10条）並びに児童の福祉に関
係する専門機関及び国際機関の規程及び関
係文書において認められていることに留意
し、

児童の権利に関する宣言において示され
ているとおり「児童は、身体的及び精神的
に未熟であるため、その出生の前後におい
て、適当な法的保護を含む特別な保護及び
世話を必要とする。」ことに留意し、

国内の又は国際的な里親委託及び養子縁
組を特に考慮した児童の保護及び福祉につ
いての社会的及び法的な原則に関する宣言、
少年司法の運用のための国際連合最低基準
規則（北京規則）及び緊急事態及び武力紛
争における女子及び児童の保護に関する宣
言の規定を想起し、

極めて困難な条件の下で生活している児
童が世界のすべての国に存在すること、ま
た、このような児童が特別の配慮を必要と
していることを認め、

児童の保護及び調和のとれた発達のため
に各人民の伝統及び文化的価値が有する重

要性を十分に考慮し、

あらゆる国特に開発途上国における児童の生活条件を改善するために国際協力が重要であることを認めて、

次のとおり協定した。

第1部

第1条 この条約の適用上、児童とは、18歳未満のすべての者をいう。ただし、当該児童で、その者に適用される法律によりより早く成年に達したものを除く。

第2条 1 締約国は、その管轄の下にある児童に対し、児童又はその父母若しくは法定保護者の人種、皮膚の色、性、言語、宗教、政治的意見その他の意見、国民的、種族的若しくは社会的出身、財産、心身障害、出生又は他の地位にかかわらず、いかなる差別もなしにこの条約に定める権利を尊重し、及び確保する。

2 締約国は、児童がその父母、法定保護者又は家族の構成員の地位、活動、表明した意見又は信念によるあらゆる形態の差別又は処罰から保護されることを確保するためのすべての適当な措置をとる。

第3条 1 児童に関するすべての措置をとるに当たっては、公的若しくは私的な社会福祉施設、裁判所、行政当局又は立法機関のいずれによって行われるものであっても、児童の最善の利益が主として考慮されるものとする。

2 締約国は、児童の父母、法定保護者又は児童について法的に責任を有する他の者の権利及び義務を考慮に入れて、児童の福祉に必要な保護及び養護を確保することを約束し、このため、すべての適当な立法上及び行政上の措置をとる。

3 締約国は、児童の養護又は保護のための施設、役務の提供及び設備が、特に安全及び健康の分野に関し並びにこれらの職員の数及び資格性並びに適正な監督に関し権限のある当局の設定した基準に適合することを確保する。

第4条 締約国は、この条約において認められる権利の実現のため、すべての適当な立法措置、行政措置その他の措置を講ずる。締約国は、経済的、社会的及び文化的権利に関しては、自国における利用可能な手段の最大限の範囲内で、また、必要な場合には国際協力の枠内で、これらの措置を講ずる。

第5条 締約国は、児童がこの条約において認められる権利を行使するに当たり、父母若しくは場合により地方の慣習により定められている大家族若しくは共同体の構成員、法定保護者又は児童について法的に責任を有する他の者がその児童の発達しつつある能力に適合する方法で適当な指示及び指導を与える責任、権利及び義務を尊重する。

第6条 1 締約国は、すべての児童が生命に対する固有の権利を有することを認める。

2 締約国は、児童の生存及び発達を可能な最大限の範囲において確保する。

第7条 1 児童は、出生の後直ちに登録される。児童は、出生の時から氏名を有する権利及び国籍を取得する権利を有するものとし、また、できる限りその父母を知りかつその父母によって養育される権利を有する。

2 締約国は、特に児童が無国籍となる場合を含めて、国内法及びこの分野における関連する国際文書に基づく自国の義務に従い、1の権利の実現を確保する。

第8条 1 締約国は、児童が法律によって認められた国籍、氏名及び家族関係を含むその身元関係事項について不法に干渉されることなく保持する権利を尊重することを約束する。

2 締約国は、児童がその身元関係事項の一部又は全部を不法に奪われた場合には、その身元関係事項を速やかに回復するため、適当な援助及び保護を与える。

第9条 1 締約国は、児童がその父母の意思に反してその父母から分離されないことを確保する。ただし、権限のある当局が司法の審査に従うことを条件として適用のある法律及び手続に従いその分離が児童の最善の利益のために必要であると決定する場合は、この限りでない。このような決定は、父母が児童を虐待し若しくは放置する場合又は父母が別居しており児童の居住地を決定しなければなら

ない場合のような特定の場合において必要となることがある。

2　すべての関係当事者は、1の規定に基づくいかなる手続においても、その手続に参加しかつ自己の意見を述べる機会を有する。

3　締約国は、児童の最善の利益に反する場合を除くほか、父母の一方又は双方から分離されている児童が定期的に父母のいずれとも人的な関係及び直接の接触を維持する権利を尊重する。

4　3の分離が、締約国がとった父母の一方若しくは双方又は児童の抑留、拘禁、追放、退去強制、死亡（その者が当該締約国により身体を拘束されている間に何らかの理由により生じた死亡を含む。）等のいずれかの措置に基づく場合には、当該締約国は、要請に応じ、父母、児童又は適当な場合には家族の他の構成員に対し、家族のうち不在となっている者の所在に関する重要な情報を提供する。ただし、その情報の提供が児童の福祉を害する場合は、この限りでない。締約国は、更に、その要請の提出自体が関係者に悪影響を及ぼさないことを確保する。

第10条　1　前条1の規定に基づく締約国の義務に従い、家族の再統合を目的とする児童又はその父母による締約国への入国又は締約国からの出国の申請については、締約国が積極的、人道的かつ迅速な方法で取り扱う。締約国は、更に、その申請の提出が申請者及びその家族の構成員に悪影響を及ぼさないことを確保する。

2　父母と異なる国に居住する児童は、例外的な事情がある場合を除くほか定期的に父母との人的な関係及び直接の接触を維持する権利を有する。このため、前条1の規定に基づく締約国の義務に従い、締約国は、児童及びその父母がいずれの国（自国を含む。）からも出国し、かつ、自国に入国する権利を尊重する。出国する権利は、法律で定められ、国の安全、公の秩序、公衆の健康若しくは道徳又は他の者の権利及び自由を保護するために必要であり、かつ、この条約において認められる他の権利と両立する制限にのみ従う。

第11条　1　締約国は、児童が不法に国外へ移送されることを防止し及び国外から帰還することができない事態を除去するための措置を講ずる。

2　このため、締約国は、二国間若しくは多数国間の協定の締結又は現行の協定への加入を促進する。

第12条　1　締約国は、自己の意見を形成する能力のある児童がその児童に影響を及ぼすすべての事項について自由に自己の意見を表明する権利を確保する。この場合において、児童の意見は、その児童の年齢及び成熟度に従って相応に考慮されるものとする。

2　このため、児童は、特に、自己に影響を及ぼすあらゆる司法上及び行政上の手続において、国内法の手続規則に合致する方法により直接に又は代理人若しくは適当な団体を通じて聴取される機会を与えられる。

第13条　1　児童は、表現の自由についての権利を有する。この権利には、口頭、手書き若しくは印刷、芸術の形態又は自ら選択する他の方法により、国境とのかかわりなく、あらゆる種類の情報及び考えを求め、受け及び伝える自由を含む。

2　1の権利の行使については、一定の制限を課することができる。ただし、その制限は、法律によって定められ、かつ、次の目的のために必要とされるものに限る。

(a)　他の者の権利又は信用の尊重

(b)　国の安全、公の秩序又は公衆の健康若しくは道徳の保護

第14条　1　締約国は、思想、良心及び宗教の自由についての児童の権利を尊重する。

2　締約国は、児童が1の権利を行使するに当たり、父母及び場合により法定保護者が児童に対しその発達しつつある能力に適合する方法で指示を与える権利及び義務を尊重する。

3　宗教又は信念を表明する自由については、法律で定める制限であって公共の安全、公の秩序、公衆の健康若しくは道徳又は他の者の基本的な権利及び自由を保護するために必要なもののみを課するこ

とができる。

第15条 1 締約国は、結社の自由及び平和的な集会の自由についての児童の権利を認める。

2 1の権利の行使については、法律で定める制限であって国の安全若しくは公共の安全、公の秩序、公衆の健康若しくは道徳の保護又は他の者の権利及び自由の保護のため民主的社会において必要なもの以外のいかなる制限も課することができない。

第16条 1 いかなる児童も、その私生活、家族、住居若しくは通信に対して恣意的に若しくは不法に干渉され又は名誉及び信用を不法に攻撃されない。

2 児童は、1の干渉又は攻撃に対する法律の保護を受ける権利を有する。

第17条 締約国は、大衆媒体（マス・メディア）の果たす重要な機能を認め、児童が国の内外の多様な情報源からの情報及び資料、特に児童の社会面、精神面及び道徳面の福祉並びに心身の健康の促進を目的とした情報及び資料を利用することができることを確保する。このため、締約国は、

(a) 児童にとって社会面及び文化面において有益であり、かつ、第29条の精神に沿う情報及び資料を大衆媒体（マス・メディア）が普及させるよう奨励する。

(b) 国の内外の多様な情報源（文化的にも多様な情報源を含む。）からの情報及び資料の作成、交換及び普及における国際協力を奨励する。

(c) 児童用書籍の作成及び普及を奨励する。

(d) 少数集団に属し又は原住民である児童の言語上の必要性について大衆媒体（マス・メディア）が特に考慮するよう奨励する。

(e) 第13条及び次条の規定に留意して、児童の福祉に有害な情報及び資料から児童を保護するための適当な指針を発展させることを奨励する。

第18条 1 締約国は、児童の養育及び発達について父母が共同の責任を有するという原則についての認識を確保するため

に最善の努力を払う。父母又は場合により法定保護者は、児童の養育及び発達についての第一義的な責任を有する。児童の最善の利益は、これらの者の基本的な関心事項となるものとする。

2 締約国は、この条約に定める権利を保障し及び促進するため、父母及び法定保護者が児童の養育についての責任を遂行するに当たりこれらの者に対して適当な援助を与えるものとし、また、児童の養護のための施設、設備及び役務の提供の発展を確保する。

3 締約国は、父母が働いている児童が利用する資格を有する児童の養護のための役務の提供及び設備からその児童が便益を受ける権利を有することを確保するためのすべての適当な措置をとる。

第19条 1 締約国は、児童が父母、法定保護者又は児童を監護する他の者による監護を受けている間において、あらゆる形態の身体的若しくは精神的な暴力、傷害若しくは虐待、放置若しくは怠慢な取扱い、不当な取扱い又は搾取（性的虐待を含む。）からその児童を保護するためすべての適当な立法上、行政上、社会上及び教育上の措置をとる。

2 1の保護措置には、適当な場合には、児童及び児童を監護する者のために必要な援助を与える社会的計画の作成その他の形態による防止のための効果的な手続並びに1に定める児童の不当な取扱いの事件の発見、報告、付託、調査、処置及び事後措置並びに適当な場合には司法の関与に関する効果的な手続を含むものとする。

第20条 1 一時的若しくは恒久的にその家庭環境を奪われた児童又は児童自身の最善の利益にかんがみその家庭環境にとどまることが認められない児童は、国が与える特別の保護及び援助を受ける権利を有する。

2 締約国は、自国の国内法に従い、1の児童のための代替的な監護を確保する。

3 2の監護には、特に、里親委託、イスラム法の力ファーラ、養子縁組又は必要な場合には児童の監護のための適当な施設への収容を含むことができる。解決策

の検討に当たっては、児童の養育におい
て継続性が望ましいこと並びに児童の種
族的、宗教的、文化的及び言語的な背景
について、十分な考慮を払うものとする。
第21条 養子縁組の制度を認め又は許容
している締約国は、児童の最善の利益に
ついて最大の考慮が払われることを確保
するものとし、また、
　(a) 児童の養子縁組が権限のある当局に
　　よってのみ認められることを確保する。
　　この場合において、当該権限のある当
　　局は、適用のある法律及び手続に従い、
　　かつ、信頼し得るすべての関連情報に
　　基づき、養子縁組が父母、親族及び法
　　定保護者に関する児童の状況にかんが
　　み許容されること並びに必要な場合に
　　は、関係者が所要のカウンセリングに
　　基づき養子縁組について事情を知らさ
　　れた上での同意を与えていることを認
　　定する。
　(b) 児童がその出身国内において里親若
　　しくは養家に託され又は適切な方法で
　　監護を受けることができない場合には、
　　これに代わる児童の監護の手段として
　　国際的な養子縁組を考慮することがで
　　きることを認める。
　(c) 国際的な養子縁組が行われる児童が
　　国内における養子縁組の場合における
　　保護及び基準と同等のものを享受する
　　ことを確保する。
　(d) 国際的な養子縁組において当該養子
　　縁組が関係者に不当な金銭上の利得を
　　もたらすことがないことを確保するた
　　めのすべての適当な措置をとる。
　(e) 適当な場合には、二国間又は多数国
　　間の取極又は協定を締結することによ
　　りこの条の目的を促進し、及びこの枠
　　組みの範囲内で他国における児童の養
　　子縁組が権限のある当局又は機関に
　　よって行われることを確保するよう努
　　める。
第22条 1　締約国は、難民の地位を求め
ている児童又は適用のある国際法及び国
際的な手続若しくは国内法及び国内的な
手続に基づき難民と認められている児童
が、父母又は他の者に付き添われている
かいないかを問わず、この条約及び自国

が締約国となっている人権又は人道に関
する他の国際文書に定める権利であって
適用のあるものの享受に当たり、適当な
保護及び人道的援助を受けることを確保
するための適当な措置をとる。
2　このため、締約国は、適当と認める場
合には、1の児童を保護し及び援助する
ため、並びに難民の児童の家族との再統
合に必要な情報を得ることを目的として
その難民の児童の父母又は家族の他の構
成員を捜すため、国際連合及びこれと協
力する他の権限のある政府間機関又は関
係非政府機関による努力に協力する。そ
の難民の児童は、父母又は家族の他の構
成員が発見されない場合には、何らかの
理由により恒久的又は一時的にその家庭
環境を奪われた他の児童と同様にこの条
約に定める保護が与えられる。
第23条 1　締約国は、精神的又は身体的
な障害を有する児童が、その尊厳を確保
し、自立を促進し及び社会への積極的な
参加を容易にする条件の下で十分かつ相
応な生活を享受すべきであることを認め
る。
2　締約国は、障害を有する児童が特別の
養護についての権利を有することを認め
るものとし、利用可能な手段の下で、申
込みに応じた、かつ、当該児童の状況及
び父母又は当該児童を養護している他の
者の事情に適した援助を、これを受ける
資格を有する児童及びこのような児童の
養護について責任を有する者に与えるこ
とを奨励し、かつ、確保する。
3　障害を有する児童の特別な必要を認め
て、2の規定に従って与えられる援助は、
父母又は当該児童を養護している他の者
の資力を考慮して可能な限り無償で与え
られるものとし、かつ、障害を有する児
童が可能な限り社会への統合及び個人の
発達（文化的及び精神的な発達を含む。）
を達成することに資する方法で当該児童
が教育、訓練、保健サービス、リハビリ
テーション・サービス、雇用のための準
備及びレクリエーションの機会を実質的
に利用し及び享受することができるよう
に行われるものとする。
4　締約国は、国際協力の精神により、予

防的な保健並びに障害を有する児童の医学的、心理学的及び機能的治療の分野における適当な情報の交換（リハビリテーション、教育及び職業サービスの方法に関する情報の普及及び利用を含む。）であってこれらの分野における自国の能力及び技術を向上させ並びに自国の経験を広げることができるようにすることを目的とするものを促進する。これに関しては、特に、開発途上国の必要を考慮する。

第24条 1 締約国は、到達可能な最高水準の健康を享受すること並びに病気の治療及び健康の回復のための便宜を与えられることについての児童の権利を認める。締約国は、いかなる児童もこのような保健サービスを利用する権利が奪われないことを確保するために努力する。

2 締約国は、1の権利の完全な実現を追求するものとし、特に、次のことのための適当な措置をとる。

(a) 幼児及び児童の死亡率を低下させること。

(b) 基礎的な保健の発展に重点を置いて必要な医療及び保健をすべての児童に提供することを確保すること。

(c) 環境汚染の危険を考慮に入れて、基礎的な保健の枠組みの範囲内で行われることを含めて、特に容易に利用可能な技術の適用により並びに十分に栄養のある食物及び清潔な飲料水の供給を通じて、疾病及び栄養不良と闘うこと。

(d) 母親のための産前産後の適当な保健を確保すること。

(e) 社会のすべての構成員特に父母及び児童が、児童の健康及び栄養、母乳による育児の利点、衛生（環境衛生を含む。）並びに事故の防止についての基礎的な知識に関して、情報を提供され、教育を受ける機会を有し及びその知識の使用について支援されることを確保すること。

(f) 予防的な保健、父母のための指導並びに家族計画に関する教育及びサービスを発展させること。

3 締約国は、児童の健康を害するような伝統的な慣行を廃止するため、効果的かつ適当なすべての措置をとる。

4 締約国は、この条において認められる権利の完全な実現を漸進的に達成するため、国際協力を促進し及び奨励することを約束する。これに関しては、特に、開発途上国の必要を考慮する。

第25条 締約国は、児童の身体又は精神の養護、保護又は治療を目的として権限のある当局によって収容された児童に対する処遇及びその収容に関連する他のすべての状況に関する定期的な審査が行われることについての児童の権利を認める。

第26条 1 締約国は、すべての児童が社会保険その他の社会保障からの給付を受ける権利を認めるものとし、自国の国内法に従い、この権利の完全な実現を達成するための必要な措置をとる。

2 1の給付は、適当な場合には、児童及びその扶養について責任を有する者の資力及び事情並びに児童によって又は児童に代わって行われる給付の申請に関する他のすべての事項を考慮して、与えられるものとする。

第27条 1 締約国は、児童の身体的、精神的、道徳的及び社会的な発達のための相当な生活水準についてのすべての児童の権利を認める。

2 父母又は児童について責任を有する他の者は、自己の能力及び資力の範囲内で、児童の発達に必要な生活条件を確保することについての第一義的な責任を有する。

3 締約国は、国内事情に従い、かつ、その能力の範囲内で、1の権利の実現のため、父母及び児童について責任を有する他の者を援助するための適当な措置をとるものとし、また、必要な場合には、特に栄養、衣類及び住居に関して、物的援助及び支援計画を提供する。

4 締約国は、父母又は児童について金銭上の責任を有する他の者から、児童の扶養料を自国内で及び外国から、回収することを確保するためのすべての適当な措置をとる。特に、児童について金銭上の責任を有する者が児童と異なる国に居住している場合には、締約国は、国際協定への加入又は国際協定の締結及び他の適当な取決めの作成を促進する。

第28条 1 締約国は、教育についての児

童の権利を認めるものとし、この権利を漸進的にかつ機会の平等を基礎として達成するため、特に、
  (a) 初等教育を義務的なものとし、すべての者に対して無償のものとする。
  (b) 種々の形態の中等教育（一般教育及び職業教育を含む。）の発展を奨励し、すべての児童に対し、これらの中等教育が利用可能であり、かつ、これらを利用する機会が与えられるものとし、例えば、無償教育の導入、必要な場合における財政的援助の提供のような適当な措置をとる。
  (c) すべての適当な方法により、能力に応じ、すべての者に対して高等教育を利用する機会が与えられるものとする。
  (d) すべての児童に対し、教育及び職業に関する情報及び指導が利用可能であり、かつ、これらを利用する機会が与えられるものとする。
  (e) 定期的な登校及び中途退学率の減少を奨励するための措置をとる。
2　締約国は、学校の規律が児童の人間の尊厳に適合する方法で及びこの条約に従って運用されることを確保するためのすべての適当な措置をとる。
3　締約国は、特に全世界における無知及び非識字の廃絶に寄与し並びに科学上及び技術上の知識並びに最新の教育方法の利用を容易にするため、教育に関する事項についての国際協力を促進し、及び奨励する。これに関しては、特に、開発途上国の必要を考慮する。
第29条　1　締約国は、児童の教育が次のことを指向すべきことに同意する。
  (a) 児童の人格、才能並びに精神的及び身体的な能力をその可能な最大限度まで発達させること。
  (b) 人権及び基本的自由並びに国際連合憲章にうたう原則の尊重を育成すること。
  (c) 児童の父母、児童の文化的同一性、言語及び価値観、児童の居住国及び出身国の国民的価値観並びに自己の文明と異なる文明に対する尊重を育成すること。
  (d) すべての人民の間の、種族的、国民

的及び宗教的集団の間の並びに原住民である者の理解、平和、寛容、両性の平等及び友好の精神に従い、自由な社会における責任ある生活のために児童に準備させること。
  (e) 自然環境の尊重を育成すること。
2　この条又は前条のいかなる規定も、個人及び団体が教育機関を設置し及び管理する自由を妨げるものと解してはならない。ただし、常に、1に定める原則が遵守されること及び当該教育機関において行われる教育が国によって定められる最低限度の基準に適合することを条件とする。
第30条　種族的、宗教的若しくは言語的少数民族又は原住民である者が存在する国において、当該少数民族に属し又は原住民である児童は、その集団の他の構成員とともに自己の文化を享有し、自己の宗教を信仰しかつ実践し又は自己の言語を使用する権利を否定されない。
第31条　1　締約国は、休息及び余暇についての児童の権利並びに児童がその年齢に適した遊び及びレクリエーションの活動を行い並びに文化的な生活及び芸術に自由に参加する権利を認める。
2　締約国は、児童が文化的及び芸術的な生活に十分に参加する権利を尊重しかつ促進するものとし、文化的及び芸術的な活動並びにレクリエーション及び余暇の活動のための適当かつ平等な機会の提供を奨励する。
第32条　1　締約国は、児童が経済的な搾取から保護され及び危険となり若しくは児童の教育の妨げとなり又は児童の健康若しくは身体的、精神的、道徳的若しくは社会的な発達に有害となるおそれのある労働への従事から保護される権利を認める。
2　締約国は、この条の規定の実施を確保するための立法上、行政上、社会上及び教育上の措置をとる。このため、締約国は、他の国際文書の関連規定を考慮して、特に、
  (a) 雇用が認められるための1又は2以上の最低年齢を定める。
  (b) 労働時間及び労働条件についての適

当な規則を定める。

(c) この条の規定の効果的な実施を確保
するための適当な罰則その他の制裁を
定める。

第33条　締約国は、関連する国際条約に
定義された麻薬及び向精神薬の不正な使
用から児童を保護し並びにこれらの物質
の不正な生産及び取引における児童の使
用を防止するための立法上、行政上、社
会上及び教育上の措置を含むすべての適
当な措置をとる。

第34条　締約国は、あらゆる形態の性的
搾取及び性的虐待から児童を保護するこ
とを約束する。このため、締約国は、特
に、次のことを防止するためのすべての
適当な国内、二国間及び多数国間の措置
をとる。

(a) 不法な性的な行為を行うことを児童
に対して勧誘し又は強制すること。

(b) 売春又は他の不法な性的な業務にお
いて児童を搾取的に使用すること。

(c) わいせつな演技及び物において児童
を搾取的に使用すること。

第35条　締約国は、あらゆる目的のため
の又はあらゆる形態の児童の誘拐、売買
又は取引を防止するためのすべての適当
な国内、二国間及び多数国間の措置をと
る。

第36条　締約国は、いずれかの面におい
て児童の福祉を害する他のすべての形態
の搾取から児童を保護する。

第37条　締約国は、次のことを確保する。

(a) いかなる児童も、拷問又は他の残虐
な、非人道的な若しくは品位を傷つけ
る取扱い若しくは刑罰を受けないこと。
死刑又は釈放の可能性がない終身刑は、
十八歳未満の者が行った犯罪について
科さないこと。

(b) いかなる児童も、不法に又は恣意的
にその自由を奪われないこと。児童の
逮捕、抑留又は拘禁は、法律に従って
行うものとし、最後の解決手段として
最も短い適当な期間のみ用いること。

(c) 自由を奪われたすべての児童は、人
道的に、人間の固有の尊厳を尊重して、
かつ、その年齢の者の必要を考慮した
方法で取り扱われること。特に、自由

を奪われたすべての児童は、成人とは
分離されないことがその最善の利益で
あると認められない限り成人とは分離
されるものとし、例外的な事情がある
場合を除くほか、通信及び訪問を通じ
てその家族との接触を維持する権利を
有すること。

(d) 自由を奪われたすべての児童は、弁
護人その他適当な援助を行う者と速や
かに接触する権利を有し、裁判所その
他の権限のある、独立の、かつ、公平
な当局においてその自由の剥奪の合法
性を争い並びにこれについての決定を
速やかに受ける権利を有すること。

第38条　1　締約国は、武力紛争において
自国に適用される国際人道法の規定で児
童に関係を有するものを尊重し及びこれ
らの規定の尊重を確保することを約束す
る。

2　締約国は、15歳未満の者が敵対行為に
直接参加しないことを確保するためのす
べての実行可能な措置をとる。

3　締約国は、15歳未満の者を自国の軍隊
に採用することを差し控えるものとし、
また、15歳以上18歳未満の者の中から
採用するに当たっては、最年長者を優先
させるよう努める。

4　締約国は、武力紛争において文民を保
護するための国際人道法に基づく自国の
義務に従い、武力紛争の影響を受ける児
童の保護及び養護を確保するためのすべ
ての実行可能な措置をとる。

第39条　締約国は、あらゆる形態の放置、
搾取若しくは虐待、拷問若しくは他のあ
らゆる形態の残虐な、非人道的な若しく
は品位を傷つける取扱い若しくは刑罰又
は武力紛争による被害者である児童の身
体的及び心理的な回復及び社会復帰を促
進するためのすべての適当な措置をとる。
このような回復及び復帰は、児童の健康、
自尊心及び尊厳を育成する環境において
行われる。

第40条　1　締約国は、刑法を犯したと申
し立てられ、訴追され又は認定されたす
べての児童が尊厳及び価値についての当
該児童の意識を促進させるような方法で
あって、当該児童が他の者の人権及び基

本的自由を尊重することを強化し、かつ、当該児童の年齢を考慮し、更に、当該児童が社会に復帰し及び社会において建設的な役割を担うことがなるべく促進されることを配慮した方法により取り扱われる権利を認める。

2　このため、締約国は、国際文書の関連する規定を考慮して、特に次のことを確保する。

（a）いかなる児童も、実行の時に国内法又は国際法により禁じられていなかった作為又は不作為を理由として刑法を犯したと申し立てられ、訴追され又は認定されないこと。

（b）刑法を犯したと申し立てられ又は訴追されたすべての児童は、少なくとも次の保障を受けること。

（ⅰ）法律に基づいて有罪とされるまでは無罪と推定されること。

（ⅱ）速やかにかつ直接に、また、適当な場合には当該児童の父母又は法定保護者を通じてその罪を告げられること並びに防御の準備及び申立てにおいて弁護人その他適当な援助を行う者を持つこと。

（ⅲ）事案が権限のある、独立の、かつ、公平な当局又は司法機関により法律に基づく公正な審理において、弁護人その他適当な援助を行う者の立会い及び、特に当該児童の年齢又は境遇を考慮して児童の最善の利益にならないと認められる場合を除くほか、当該児童の父母又は法定保護者の立会いの下に遅滞なく決定されること。

（ⅳ）供述又は有罪の自白を強要されないこと。不利な証人を尋問し又はこれに対し尋問させること並びに対等の条件で自己のための証人の出席及びこれに対する尋問を求めること。

（ⅴ）刑法を犯したと認められた場合には、その認定及びその結果科せられた措置について、法律に基づき、上級の、権限のある、独立の、かつ、公平な当局又は司法機関によって再審理されること。

（ⅵ）使用される言語を理解すること又は話すことができない場合には、無料で通訳の援助を受けること。

（ⅶ）手続のすべての段階において当該児童の私生活が十分に尊重されること。

3　締約国は、刑法を犯したと申し立てられ、訴追され又は認定された児童に特別に適用される法律及び手続の制定並びに当局及び施設の設置を促進するよう努めるものとし、特に、次のことを行う。

（a）その年齢未満の児童は刑法を犯す能力を有しないと推定される最低年齢を設定すること。

（b）適当なかつ望ましい場合には、人権及び法的保護が十分に尊重されていることを条件として、司法上の手続に訴えることなく当該児童を取り扱う措置をとること。

4　児童がその福祉に適合し、かつ、その事情及び犯罪の双方に応じた方法で取り扱われることを確保するため、保護、指導及び監督命令、カウンセリング、保護観察、里親委託、教育及び職業訓練計画、施設における養護に代わる他の措置等の種々の処置が利用し得るものとする。

第41条　この条約のいかなる規定も、次のものに含まれる規定であって児童の権利の実現に一層貢献するものに影響を及ぼすものではない。

（a）締約国の法律

（b）締約国について効力を有する国際法

第2部

第42条　締約国は、適当かつ積極的な方法でこの条約の原則及び規定を成人及び児童のいずれにも広く知らせることを約束する。

第43条　1　この条約において負う義務の履行の達成に関する締約国による進捗の状況を審査するため、児童の権利に関する委員会（以下「委員会」という。）を設置する。委員会は、この部に定める任務を行う。

2　委員会は、徳望が高く、かつ、この条約が対象とする分野において能力を認められた10人の専門家で構成する。委員会の委員は、締約国の国民の中から締約

国により選出されるものとし、個人の資格で職務を遂行する。その選出に当たっては、衡平な地理的配分及び主要な法体系を考慮に入れる。

（※ 1995年12月21日、「10人」を「18人」に改める改正が採択され、2002年11月18日に同改正は発効した。）

3　委員会の委員は、締約国により指名された者の名簿の中から秘密投票により選出される。各締約国は、自国民の中から一人を指名することができる。

4　委員会の委員の最初の選挙は、この条約の効力発生の日の後6箇月以内に行うものとし、その後の選挙は、2年ごとに行う。国際連合事務総長は、委員会の委員の選挙の日の遅くとも4箇月前までに、締約国に対し、自国が指名する者の氏名を2箇月以内に提出するよう書簡で要請する。その後、同事務総長は、指名された者のアルファベット順による名簿（これらの者を指名した締約国名を表示した名簿とする。）を作成し、この条約の締約国に送付する。

5　委員会の委員の選挙は、国際連合事務総長により国際連合本部に招集される締約国の会合において行う。これらの会合は、締約国の3分の2をもって定足数とする。これらの会合においては、出席しかつ投票する締約国の代表によって投じられた票の最多数で、かつ、過半数の票を得た者をもって委員会に選出された委員とする。

6　委員会の委員は、4年の任期で選出される。委員は、再指名された場合には、再選される資格を有する。最初の選挙において選出された委員のうち5人の委員の任期は、2年で終了するものとし、これらの5人の委員は、最初の選挙の後直ちに、最初の選挙が行われた締約国の会合の議長によりくじ引で選ばれる。

7　委員会の委員が死亡し、辞任し又は他の理由のため委員会の職務を遂行することができなくなったことを宣言した場合には、当該委員を指名した締約国は、委員会の承認を条件として自国民の中から残余の期間職務を遂行する他の専門家を任命する。

8　委員会は、手続規則を定める。

9　委員会は、役員を2年の任期で選出する。

10　委員会の会合は、原則として、国際連合本部又は委員会が決定する他の適当な場所において開催する。委員会は、原則として毎年1回会合する。委員会の会合の期間は、国際連合総会の承認を条件としてこの条約の締約国の会合において決定し、必要な場合には、再検討する。

11　国際連合事務総長は、委員会がこの条約に定める任務を効果的に遂行するために必要な職員及び便益を提供する。

12　この条約に基づいて設置する委員会の委員は、国際連合総会が決定する条件に従い、同総会の承認を得て、国際連合の財源から報酬を受ける。

第44条　1　締約国は、(a) 当該締約国についてこの条約が効力を生ずる時から2年以内に、(b) その後は5年ごとに、この条約において認められる権利の実現のためにとった措置及びこれらの権利の享受についてもたらされた進歩に関する報告を国際連合事務総長を通じて委員会に提出することを約束する。

2　この条の規定により行われる報告には、この条約に基づく義務の履行の程度に影響を及ぼす要因及び障害が存在する場合には、これらの要因及び障害を記載する。当該報告には、また、委員会が当該国における条約の実施について包括的に理解するために十分な情報を含める。

3　委員会に対して包括的な最初の報告を提出した締約国は、1 (b) の規定に従って提出するその後の報告においては、既に提供した基本的な情報を繰り返す必要はない。

4　委員会は、この条約の実施に関連する追加の情報を締約国に要請することができる。

5　委員会は、その活動に関する報告を経済社会理事会を通じて2年ごとに国際連合総会に提出する。

6　締約国は、1の報告を自国において公衆が広く利用できるようにする。

第45条　この条約の効果的な実施を促進し及びこの条約が対象とする分野におけ

る国際協力を奨励するため、

(a) 専門機関及び国際連合児童基金その他の国際連合の機関は、その任務の範囲内にある事項に関するこの条約の規定の実施についての検討に際し、代表を出す権利を有する。委員会は、適当と認める場合には、専門機関及び国際連合児童基金その他の権限のある機関に対し、これらの機関の任務の範囲内にある事項に関するこの条約の実施について専門家の助言を提供するよう要請することができる。委員会は、専門機関及び国際連合児童基金その他の国際連合の機関に対し、これらの機関の任務の範囲内にある事項に関するこの条約の実施について報告を提出するよう要請することができる。

(b) 委員会は、適当と認める場合には、技術的な助言若しくは援助の要請を含んでおり又はこれらの必要性を記載している締約国からのすべての報告を、これらの要請又は必要性の記載に関する委員会の見解及び提案がある場合は当該見解及び提案とともに、専門機関及び国際連合児童基金その他の権限のある機関に送付する。

(c) 委員会は、国際連合総会に対し、国際連合事務総長が委員会のために児童の権利に関連する特定の事項に関する研究を行うよう同事務総長に要請することを勧告することができる。

(d) 委員会は、前条及びこの条の規定により得た情報に基づく提案及び一般的な性格を有する勧告を行うことができる。これらの提案及び一般的な性格を有する勧告は、関係締約国に送付し、締約国から意見がある場合にはその意見とともに国際連合総会に報告する。

第3部

第46条 この条約は、すべての国による署名のために開放しておく。

第47条 この条約は、批准されなければならない。批准書は、国際連合事務総長に寄託する。

第48条 この条約は、すべての国による加入のために開放しておく。加入書は、国際連合事務総長に寄託する。

第49条 1 この条約は、20番目の批准書又は加入書が国際連合事務総長に寄託された日の後30日目の日に効力を生ずる。

2 この条約は、20番目の批准書又は加入書が寄託された後に批准し又は加入する国については、その批准書又は加入書が寄託された日の後30日目に効力を生ずる。

第50条 1 いずれの締約国も、改正を提案し及び改正案を国際連合事務総長に提出することができる。同事務総長は、直ちに、締約国に対し、その改正案を送付するものとし、締約国による改正案の審議及び投票のための締約国の会議の開催についての賛否を示すよう要請する。その送付の日から4箇月以内に締約国の3分の1以上が会議の開催に賛成する場合には、同事務総長は、国際連合の主催の下に会議を招集する。会議において出席しかつ投票する締約国の過半数によって採択された改正案は、承認のため、国際連合総会に提出する。

2 1の規定により採択された改正は、国際連合総会が承認し、かつ、締約国の3分の2以上の多数が受諾した時に、効力を生ずる。

3 改正は、効力を生じたときは、改正を受諾した締約国を拘束するものとし、他の締約国は、改正前のこの条約の規定（受諾した従前の改正を含む。）により引き続き拘束される。

第51条 1 国際連合事務総長は、批准又は加入の際に行われた留保の書面を受領し、かつ、すべての国に送付する。

2 この条約の趣旨及び目的と両立しない留保は、認められない。

3 留保は、国際連合事務総長にあてた通告によりいつでも撤回することができるものとし、同事務総長は、その撤回をすべての国に通報する。このようにして通報された通告は、同事務総長により受領された日に効力を生ずる。

第52条 締約国は、国際連合事務総長に対して書面による通告を行うことにより、この条約を廃棄することができる。廃棄

は、同事務総長がその通告を受領した日の後1年で効力を生ずる。

第53条 国際連合事務総長は、この条約の寄託者として指名される。

第54条 アラビア語、中国語、英語、フランス語、ロシア語及びスペイン語をひとしく正文とするこの条約の原本は、国際連合事務総長に寄託する。

以上の証拠として、下名の全権委員は、各自の政府から正当に委任を受けてこの条約に署名した。

（略）

児童憲章（全文）(昭和26年5月5日)

われらは、日本国憲法の精神にしたがい、児童に対する正しい観念を確立し、すべての児童の幸福をはかるために、この憲章を定める。

児童は、人として尊ばれる。

児童は、社会の一員として重んぜられる。

児童は、よい環境のなかで育てられる。

1 すべての児童は、心身ともに、健やかにうまれ、育てられ、その生活を保障される。

2 すべての児童は、家庭で、正しい愛情と知識と技術をもつて育てられ、家庭に恵まれない児童には、これにかわる環境が与えられる。

3 すべての児童は、適当な栄養と住居と被服が与えられ、また、疾病と災害からまもられる。

4 すべての児童は、個性と能力に応じて教育され、社会の一員としての責任を自主的に果すように、みちびかれる。

5 すべての児童は、自然を愛し、科学と芸術を尊ぶように、みちびかれ、また、道徳的心情がつちかわれる。

6 すべての児童は、就学のみちを確保され、また、十分に整つた教育の施設を用意される。

7 すべての児童は、職業指導を受ける機会が与えられる。

8 すべての児童は、その労働において、心身の発育が阻害されず、教育を受ける機会が失われず、また児童としての生活がさまたげられないように、十分に保護される。

9 すべての児童は、よい遊び場と文化財を用意され、わるい環境からまもられる。

10 すべての児童は、虐待、酷使、放任その他不当な取扱からまもられる。あやまちをおかした児童は、適切に保護指導される。

11 すべての児童は、身体が不自由な場合、または精神の機能が不十分な場合に、適切な治療と教育と保護が与えられる。

12 すべての児童は、愛とまことによつて結ばれ、よい国民として人類の平和と文化に貢献するように、みちびかれる。

索　引

編著者紹介

吉田明弘（よしだ・あきひろ）

大阪府立大学大学院社会福祉学研究科（博士後期課程）退学

現在、皇學館大学教育学部教育学科准教授

主な著書

『社会福祉の理論（改訂版）』（共著、八千代出版、2001 年）

『保育を学ぶ人のために』（共著、世界思想社、2006 年）

『児童福祉論―児童の平和的生存権を起点として―（第 3 版）』（編著、
　　八千代出版、2016 年）

『社会福祉の見方・考え方』（単著、八千代出版、2018 年）

『保育士のための社会的養護（第 2 版）』（編著、八千代出版、2018 年）

子ども家庭福祉論
―子どもの平和的生存権を礎に―

2020 年 4 月 24 日　第 1 版 1 刷発行
2021 年 10 月 25 日　第 1 版 2 刷発行

編著者―吉 田 明 弘
発行者―森口恵美子
印刷所―美研プリンティング（株）
製本所―（株）グリーン
発行所―八千代出版株式会社

〒101
-0061　東京都千代田区神田三崎町 2-2-13

TEL　03-3262-0420
FAX　03-3237-0723
振替　00190-4-168060

＊定価はカバーに表示してあります。
＊落丁・乱丁本はお取替えいたします。